珍藏本
纪念版

汉译世界学术名著丛书

卡尔弥德篇 枚农篇

〔古希腊〕柏拉图 著

王太庆 译

2017年·北京

ΠΛΑΤΩΝ

ΧΑΡΜΙΔΗΣ ΜΕΝΩΝ

根据 J. Burnet 的校勘本希腊文《柏拉图全集》

(*Platonis Opera Omnia*),克拉伦敦出版社 1984 年重印本选译出。

汉译世界学术名著丛书
（120 年纪念版·珍藏本）
出 版 说 明

2017 年 2 月 11 日，商务印书馆迎来 120 岁的生日。120 年前，商务印书馆前贤怀揣文化救国的理想，抱持“昌明教育，开启民智”的使命，立足本土，放眼寰宇，以出版为津梁，沟通中西，为中国、为世界提供最富智慧的思想文化成果。无论世事白云苍狗，潮流左右激荡，甚至战火硝烟弥漫，始终践行学术报国之志，无改初心。

迻译世界各国学术名著，即其一端。早在 20 世纪初年便出版《原富》《天演论》等影响至今的代表性著作，1950 年代后更致力于外国哲学和社会科学经典的译介，及至 1980 年代，辑为“汉译世界学术名著丛书”，汇涓为流，蔚为大观。丛书自 1981 年开始出版，历时三十余年，迄今已推出七百种，是我国现代出版史上规模最大、最为重要的学术翻译工程。

丛书所选之书，立场观点不囿于一派，学科领域不限于一门，皆为文明开启以来，各时代、各国家、各民族的思想与文化精粹，代表着人类已经到达过的精神境界。丛书系统译介世界学术经典，引领时代思想，为本土原创学术的发展提供丰富的文化滋养，为推动中国现代学术和现代化进程做出了突出的贡献。

为纪念商务印书馆成立 120 周年，我们整体推出“汉译世界学术名著丛书”120 年纪念版的珍藏本，寄望既利于文化积累，又便于研读查考，同时向长期支持丛书出版的译者、编者和读者致以敬意。

两甲子后的今天，商务印书馆又站在了一个新的历史时间节点上。我们不仅要铭记先辈的身影和足迹，更须让我们的步伐充满新的时代精神。这是商务人代代相传的事业，更是与国家和民族的命运始终紧密相连的事业。我们责无旁贷，必须做好我们这代人的传承与创造，让我们的努力和成果不仅凝聚成民族文化的记忆，还能成为后来人可以接续的事业。唯此，才能不负前贤，无愧来者。

商务印书馆编辑部

2017 年 10 月

目　　录

卡尔弥德篇

（或《论明智》，试探性的）[①]

① 公元1世纪柏拉图学派的 Θρασύλος 编订柏拉图文集时所加的副题。——译注。以下凡未特别注明者，皆为译注。

谈话人：苏格拉底 St.Ⅱ

昨天傍晚我从驻扎波得代亚[①]的部队里回来，由于在外甚久， 153A
很想去看看我的旧游之地。因此我走进了金牛[②]角力场，也就是
女王庙[③]的对面，在那里遇到很多人，虽然有些人我不认识，但是 B
多数是熟人。他们看到我突然出现，就远远地跟我打招呼，有的在这里点头，有的在那里招手。凯瑞奉[④]疯疯癫癫，从人群里一跃而起，向我跑来，抓着我的手说："苏格拉底啊，你从战场上怎么跑出来的？"——我们出发前不久波得代亚城下发生了一场恶斗，这消息已经传到了雅典。

我回答道："就像你看到的这样呗。"

他说："人家跟我们说这一仗打得很厉害，有很多我们认识的 C
人倒下了。"

我说："这话不假。"

他问我："打的时候你在场吗？"

---

① Ποτειδαία，城邦，前432年背弃雅典，前429年被雅典围困攻陷。

② Ταυρέας，公牛，亦指金牛星座。

③ Βασίλεια，指幽冥女王，庙在雅典卫城南，位于城垣附近。

④ Χαιρφῶν，苏格拉底的弟子。

我答道："我在那里。"

他说："那就请你坐下给我们说说，我们全都不知其详。"

他一边说一边让我坐在加赖斯克若[1]的儿子格里底亚[2]的旁边。

D 我坐下跟格里底亚等人打了招呼，向他们说了军队的消息，这是他们所要打听的，有人问这，有人问那。

他们问够之后，我开始问他们，向他们打听大家爱慕智慧的近况，打听青年中间有谁智慧超群，或者美得出众，或者在这两方面都
154A 很出色。那时格里底亚朝着门口瞧，看见进来一些青年，彼此高声争辩，后面跟着一群人。他说："至于美是怎么一回事，苏格拉底啊，我想你马上就会明白了。那些走进来的人就是那位如今被认为最美的人的开路人和爱慕者。那个人我想已经近在咫尺，就要到了。"

我说："这人是谁呀？他是谁的儿子？"

B 他说："你知道的，不过在你出门之前他还小，不算青年。他叫卡尔弥德[3]，是我的堂弟，我叔父葛劳贡[4]的儿子。"

我说："天哪，我知道的。那时候他就不坏，虽然还只是个孩子；现在他该是个长大了的青年人啰。"

他说："你马上就会看到他有多大个头、长得多么神气了。"

正当他说这话的时候，卡尔弥德进来了。

要我这个人来判断美不美，朋友，是很不中用的。说实话，我好像一块最糟糕的试金石，根本测不清青年人的美；这个年纪的任

① Καλλαίσχρος，柏拉图外祖父的兄弟。

② Κριτίας，柏拉图的堂舅。

③ Χαρμίδης，柏拉图的舅父。

④ Γλαύκων，柏拉图的外祖父。

何人没有一个在我看起来不是美的。因此那个人我觉得长得非常 C
匀称，相貌堂堂；我认为别人都被他迷住了。他一走进来，大家都大惊失色，手足无措。他后面还跟随着另外一批爱慕者。在我们这样的成年人身上产生这种感情是毫不足怪的，可是我发现那些男孩子们没有一个不对他目不转睛，连最小的都是这样，好像他是一尊神像似的。

凯瑞奉对我喊道："苏格拉底，你觉得这位年轻人怎么样？他 D
不是有很美的面孔吗？"

我说："美极了。"

他说："如果他愿意脱下衣服的话，你就不会单单注意他的面孔了，他的整个形象是无与伦比的。"

凯瑞奉这话得到大家的同意。

我说："天哪，你们说的这人可不是举世无双的模范么，如果他再加上一点点东西的话！"

格里底亚说："什么东西？"

我说："如果他在灵魂方面也很完美的话。他大概会是这样 E
的，格里底亚，因为他出于你的家门。"

他说："他在内心方面也是既美又好的。"

我说："那么，我们在考虑他的形体之前，何不先让他亮出灵魂来给大家看看？他这个年纪正是喜欢谈论的时候啊。"

格里底亚说："那太好了。因为他生来爱好智慧，而且像他自 155A
己和别人所想的那样，是个出色的诗人。"

我说："亲爱的格里底亚啊，这是你们家族的传统特色，是从梭伦传下来的。你为什么不让我认识一下这位年轻人，不把他叫来呢？即便他年纪没有现在这么大，也不妨当着你这位堂兄兼保护人的面跟我们谈谈嘛。”

B 他说：“你说得很对。我们就把他叫来。”他同时就转身告诉仆人：“去叫卡尔弥德上这里来，说我要他来给一位医生看看他前天跟我说的那种毛病。”然后跟我说：“他新近告诉我，说他早上起来头痛。你何不说你懂得治头痛的方子呢？”

他说：“可以这样说，只要他来。”

格里底亚说：“他就要来的。”

C 于是事情发生了。卡尔弥德走进来，引起了一阵喧闹。我们
坐在那里，每个人都向他边上的人身上拼命挤，希望那位年轻人坐
在他旁边，挤得坐在两头的人有的只好站起来，有的只好趴下去。
卡尔弥德走上来坐到我和格里底亚之间。那时候，我的朋友啊，我
开始感到很局促。我原来自以为有把握和他从从容容地谈话，这
D 点把握突然不见了。格里底亚跟他说我就是那个知道药方的人，
他转身向我，好像要问我话的样子，眼睛里闪烁着一种无法描述的
亮光。角力场里的人全都一拥而上，把我们围在核心。亲爱的朋
友啊，霎时间我的眼光穿透了他的衣裳，感到欲火中烧，不能把握
自己，暗想居狄亚[①]真是深知爱情的三昧，他谈到一个美少年的时
E 候向另外一个人发出警告，说道：你胆怯的小鹿啊，不要往狮子眼
前跑，那样会成为它的口中食。这话真是不假，我就体会到了被它
吞噬的滋味。不过，他问我是不是知道治头痛的方子，我还是勉强
跟他说我知道。

① Κυδίας，诗人，事迹不明。

他跟我说:“那方子是什么呢?”

我跟他说那是一种草药,不过还要加上咒语,服药的时候念动
咒语,就会完全恢复健康;要是光吃药不念咒,那就无效。 156A

他说:“那我就把你念的咒语抄下来。”

我说:“是不是你请我念?”

他笑着说:“是我请你念,苏格拉底。”

我说:“你知道我的名字?”

他说:“我要是不知道,那就坏了,因为我的年轻同伴们总是谈
到你,我记得很清楚,我还是孩子的时候就经常看见你跟这位格里
底亚在一起。” B

我说:“这好极了,我可以比较无拘无束地告诉你这种咒语的
本性了,因为我原来并不知道怎样使你了解这种咒语的作用。亲
爱的卡尔弥德啊,这种咒语的作用不止是治好头痛。你大概听到
过那些杰出的医生的说法:他们在有人请他们看眼病时说,他们不
能单单治眼睛,要治眼睛必须治疗整个头部;如果以为可以单治头 C
部,不管身体的其余部分,那也是十分愚蠢的。说清这番道理之
后,他们就诊断整个身体,把患病的部分随同全体一道治好了。你
有没有注意到他们所说的道理以及实际情况呢?”

他说:“当然注意到了。”

我说:“那你认为说得对,完全同意吗?”

他说:“毫无问题。”

我看到卡尔弥德跟我看法一致,就恢复了勇气,逐步挽回了我 D
的信心,感到我的力量又回来了。于是我跟他说:

“卡尔弥德啊,我的咒语也是这样。这是我在军队里服役的时

候跟札耳摩克锡[1]的一位特拉基[2]医生学的，这些医生据说有使人不死的能力。这位特拉基人宣称希腊医生们完全有理由说我刚才
E 转述的那些话，可是他又说，‘札耳摩克锡这位国王兼神灵却认为，正如我们不能治眼不治头或者治头不治身体一样，也不能指望治身体不治灵魂。其所以有许多疾病希腊医生没法治，那是因为他们不识全体；我们必须反其道而行，对全体给予最大的注意，因为全体坏了部分就没法好。’据他说，一切好的和坏的，不管是身体方面的还是整个人方面的，都是以灵魂为发源地，都是从那里流到各
157A 处，就像从头部流到眼睛那样，所以我们必须密切关怀灵魂，才能使头部以及整个身体处于良好状态。他说：‘朋友，要治疗灵魂必须使用某些咒语，这咒语就是美好的话语。凭着这些美好的话语，
B 灵魂中就产生了明智，在产生了明智、存在着明智的地方，就很容易造成头部和全身的健康。’他教我治病和念咒的时候还说：‘你要记住，不要轻易听人劝告给他用这个方子治头痛，除非他先把灵魂亮出来给这个咒语治疗。因为今天大多数人的错误就在于以为可以分别地治疗某个部分而不管其他部分。’他严厉地告诫我不要听从任何人的劝告，不管他有多么富有，多么高贵，多么美观，不要轻
C 易地给他治病而不念咒。我向他发过誓，我一定遵守誓言，要这样做。你如果愿意遵照这位外邦人的规矩，先把灵魂亮出来给我用特拉基咒语治一治，我就用方子给你治头痛；如若不然，我就没法办了，亲爱的卡尔弥德啊。”

---

① Ζάλμοξις，特拉基国王。

② Θρᾴκη，希腊北部国家，旧译依英文发音作“色雷斯”。

格里底亚听完我的话就说："苏格拉底啊，如果这位年轻人迫 D
于头痛而改进了心智，那他就走运了。我可以告诉你，卡尔弥德不
仅相貌出众，胜于侪辈，而且在另一方面也首屈一指，这一方面你
说你有咒语可以治一治，这就是明智方面，是不是啊？"

我说："是的。"

他说："那我可以告诉你，他是现在年轻人中间最明智的，而且在他这个年龄上，他在任何方面都不次于别人。"

我说："卡尔弥德啊，平心而论，你在这些方面都是出类拔萃 E
的。因为我不相信我们中间有任何人能够追溯祖先，顺当地指出
两个雅典家族由联姻而产生出美好、高尚的后裔，胜过你的父母双
方。因为你的父族出于德若比德[1]的儿子格里底亚[2]，得到阿纳格
瑞翁[3]、梭伦等诗人争先恐后的歌颂，据说在美好、道德以及其他
被公认为幸福的其他方面都非常有名。你的母族也同样杰出，因 158A
为你舅父毕里兰贝[4]就风姿挺拔、相貌堂堂，不论出使波斯大王的
朝廷，还是出使大陆其他国王的朝廷，都未见胜过他的人。你这个
家族没有一点不如人。你出于这样一些祖先，应该在各方面都是
第一。在你的相貌方面，葛劳贡的爱子啊，你一丝一毫也不辱没你 B
的先人。如果你在明智和其余的这类品质方面也像格里底亚说的
那样完美，那么，亲爱的卡尔弥德啊，我说你母亲就生下了一个幸
福的人。关键就在这里。如果你真像他说的那样，已经具有这种

① Δρωπίδης.

② Κριτίας，不是本篇中参加谈话的格里底亚，而是他的同名祖父。

③ Ανακρέον.

④ Πυριλάμπης.

明智的品德，并且明智到足够的地步，那你就不需要任何咒语了，
C 不管是札耳摩克锡的，还是须贝博瑞[①]人阿拔里[②]的，我可以马上
给你治头痛。可是，如果你还不具备这种品质，我就必须先给你念
咒，再给你下药。那就请你告诉我，你是不是同意他的看法，是已
经足够明智，还是不够明智？”

卡尔弥德听了以后双颊绯红，红了只是显得更美，因为腼腆正
出于青春年华；然后他礼貌地答道：“这样一个问题是不容易立刻
D 答复的。因为我如果说我不明智，那是糟蹋自己，我觉得不合理，
而且那也是反驳格里底亚和许多别人，他说我明智，他们跟着他
说。如果我说我明智，那是恭维自己，我觉得不礼貌。所以我不知
道怎样答复你。”

我跟他说：“你说得很好，卡尔弥德。所以我以为我们可以一
E 块儿来研究你是不是具有所说的那种品质，不要你说你不愿意说
的话，我也不用匆匆忙忙就给你治。要是你乐意的话，我就同你进
行这项研究。要是你不乐意，那就算了。”

他说：“我乐意极了，我们就用你认为最好的方式进行这项研
究吧。”

我跟他说：“我觉得最好用这样一种办法来研究问题。很明
159A 显，如果你身上有明智，你一定会对它有一种看法。因为它如果在
那里，就一定会在那里内在地造成一种感觉，那你心里就能形成一
种看法，想到明智是什么，有什么特点。你不这样想吗？”

---

① ῾Υπεβόρεοι，传说中的北方民族。

② ᾿Αβάρις，传说中的斯居泰（Skythai）奇人。

他说："我是这样想的。"

我说："你心里想的那个，你既然会说希腊话，就能把它照样描述出来。"

他说："也许能。"

我说："为了让我们得知明智是不是在你身上，请你告诉我们：照你看来，明智是什么？"

起初他有点迟疑，不很愿意回答。后来他说他觉得明智就是 B
有条有理地、从容不迫地做一切事情，就是以这种方式上街、谈话、
行事。总而言之，他觉得明智就是沉着。

我跟他说："这样说对吗？卡尔弥德！虽然有人会说做事沉着
的是明智的人，可是这话是不是有理？我们研究一下。请你告诉
我，你愿意不愿意承认明智是一种美？" C

他说："是的。"

我说："对于一位教师来说，在书写同样字母的时候，写得快和写得沉着，哪样美？"

他说："写得快美。"

我说："读得快和读得慢呢？"

他说："也是快美。"

我说："弹琴或角力的时候，敏捷不是比沉着、缓慢美得多吗？"

他说："是啊。"

我说："斗拳和格斗不也是一样吗？"

他说："是的。"

我说："跑、跳、一切身体活动进行得敏捷、灵活时是美的，进行 D
得迂缓、死板、沉着时是丑的，是不是？"

他说:"似乎是。"

我说:"那么,在一切身体活动中,美的就不是沉着,而是高度灵活、敏捷了?"

他说:"当然。"

我说:"那明智可不是美的吗?"

他说:"是啊。"

我说:"那么,至少在身体方面,构成明智的不是沉着,而是敏捷,如果明智是一件美事的话。"

他说:"大概是这样。"

E 我接着说:"那么,学得容易和学得困难,哪样美?"

他说:"学得容易美。"

我说:"然而学得容易就是学得快,学得困难就是学得沉着、缓慢,是不是?"

他说:"是啊。"

我说:"教一个人的时候,教得又快又多,不是比沉着、缓慢要美吗?"

他说:"是的。"

我说:"还有,在记忆和回忆的时候,是沉着、缓慢美,还是敏捷、有力美?"

160A 他说:"是敏捷、有力美。"

我说:"容易理解岂不是在于灵魂活动敏捷,而不在于沉着吗?"

他说:"对的。"

我说:"在理解语文教师、音乐教师以及其他门类教师的课程时,真正美的岂不是高度敏捷,而非高度沉着吗?"

他说："是的。"

我说："在灵魂进行研究或者提出建议的时候，那最值得赞美
的，我想不是费尽气力去考虑和发现的沉着之士，而是进行得非常 B
轻松、非常敏捷的人。"

他说："是这样的。"

我说："那么，卡尔弥德啊，在灵魂方面，也和身体方面一样，灵活、敏捷似乎要比沉着、缓慢美，是吗？"

他说："大概是的。"

我说："这样看来，明智就不是沉着，明智的生活也不是沉着的
生活了，因为明智是跟美分不开的。因为我们无法否认：我们从来 C
就没有见过，或者只在少数例外的情况中见过，沉着的活动比灵
活、敏捷的活动美。而且，我的朋友啊，即使沉着的活动美，灵活、
敏捷的活动不美，而且前者的数目跟后者一样多，我们也没有理由
就此说，明智在于行动沉着，而不在于灵活敏捷，在走路、阅读和其 D
他一切事情上都是如此；也不能说沉着的生活要比不沉着的明智。
因为我们已经认定明智跟美联在一起，承认敏捷之为美不亚于
沉着。"

他说："苏格拉底呀，我觉得你说得完全正确。"

我说："卡尔弥德啊，那你就更加注意地再看一看你的内心吧。
请你看看你心里的明智使你变成了什么，它应当是什么才能造成
这个结果；然后再请你总括一下，清楚地大胆说出你认为明智是 E
什么。"

他思考了一下，对这件事本身作了一番果断的审查，然后说："在我看来，明智是使人知耻、使人腼腆的，所以明智就是谦逊。"

我跟他说："很好。你刚才不是承认明智是一件美事吗？"

他说："是的。"

我说："那么，明智的人也是好的人吗？"

他说："对了。"

我说："那并不使人好的事是好事吗？"

他说："当然不是。"

我说："那么，明智就不仅是一件美事，而且是一件好事吗？"

161A 他说："我认为是这样。"

我说："怎么，你不相信荷马说得有理吗？他就说过——谦逊对穷人并不好。[①]"

他说："我相信这话有理。"

我说："那谦逊就既好又不好，是不是？"

他说："好像是。"

我说："可是明智是好的，因为它使具有它的人好，从来不使他们坏。"

他说："我想就是你说的那样。"

B 我说："那么，明智就不是谦逊，因为明智是本质上好的，谦逊是既好又坏的。"

他说："这话说得很对，苏格拉底，我看就是这样。不过对于明智还有另外一种说法，我很想听听你对此的看法。我刚才想起我曾经听人说，明智就是做自己的事。请你考虑一下这话说得有没有道理。"

---

① 《奥德赛》，XVII，347。

我说:“机灵鬼！这是格里底亚或者某位别的哲人提出来的 C
说法。”

格里底亚说:“显然是某位别人的话,因为我至少没有说过。”

卡尔弥德说:“那没关系,苏格拉底,不管我是从哪一位听来的。”

我说:“完全没有关系,因为要紧的不是谁说了这话,而是这话说得对不对。”

他说:“你说得好极了。”

我说:“天哪,要是我们真能发现这话的真正意义,那我就要大大吃惊了,因为这是一个谜。”

他说:“为什么?” D

我说:“因为那个说‘明智就是做自己的事’的人并没有想过这话的意思。你认为语文教员读或写的时候不是做事吗?”

他说:“我认为他是做事。”

我说:“你以为语文教员只在读或写他自己的名字,并不教你们这些孩子,也不教你们写你们的敌人的名字、你们自己的名字、你们的朋友的名字?”

他说:“我就是这样想的。”

我说:“那你们就是在做并非自己的事情,你们这样做的时候就是不明智的,是不是?”

他说:“根本不是。”

我说:“可是,如果写和读就是做事的话,你们就是不做自己 E
的事。”

他说:“那当然。”

我说:“朋友,治病、盖房、织布、完成某件技术工作就是做事。”

他说:“毫无疑问。”

我说:“你认为一个城邦治理得好,就是法律规定每一个人都
162A 要织造和洗涤自己的衣服,制造自己的鞋子、帽子、水壶等等用具,绝对不碰跟自己无关的事,专做一切属于自己的事情吗?”

他说:“我不这样想。”

我说:“可是城邦治理得明智不就是治理得好吗?”

他说:“怎么不是?”

我说:“那么,明智就不是做那样一些事情,也不是做那属于自己的事情。”

他说:“看来不是。”

B 我说:“这话就像我刚才说的那样,是用打谜的方式说的,因为那个说明智就是做自己的事的人不能头脑简单到像我们理解的那样。卡尔弥德,这话也许是个糊涂人说的吧?”

他说:“根本不是,说这话的人我觉得是非常聪明的。”

我说:“那就肯定是他要给你打一个谜了,因为我们很不容易知道‘做自己的事’这句话实际上是什么意思。”

他说:“也许。”

我说:“做自己的事是什么意思呢?你能告诉我吗?”

他说:“天哪,我根本不知道。也可能说这话的人自己并不知道这是什么意思吧。”他说话的时候面带笑容,把目光转到格里底亚身上。

C 格里底亚显然已经早就跃跃欲试,因为他很想当着卡尔弥德和全体在场的人把自己的看法表露出来,起初还努力憋着不说,现

在憋不住了。我看得十分清楚，我原来猜想卡尔弥德所说的关于明智的主张是格里底亚的发明，并没有弄错。至于卡尔弥德，他并
不急于为这个说法辩解，很愿意让它的发明人来做这件工作，就刺 D
激他一下，暗示他的说法遭到了反对。他甚为恼火，对这位年轻人很不满意，就像诗人不满意演员把他的原作表演坏了一样。他眼睛瞪着他说道：

“卡尔弥德！你不知道人家说‘明智就是做自己的事’是什么意思，就以为人家自己也不知道吗？”

我插上去说：“格里底亚啊，我亲爱的朋友！这也没有什么奇 E
怪，他那么年轻，不知道这些事情是少不更事嘛！你比他年纪大，而且经过反复研究，是可以知道这话的意思何在的。如果你同意明智就是他所说的那样，又很愿意给这个说法作一个说明，我非常乐意跟你一道研究研究这样说对不对。”

他说：“我完全同意，我要为这个说法辩解。”

我说：“很好，请你告诉我，你承认不承认我刚才说的‘一切工匠都造[①]一样东西’？”

他说：“当然。”

我说：“你认为他们只造自己的，还是也造别人的？” 163A

他说：“也造别人的。”

我说：“他们并不单单造自己的，他们明智吗？”

他说：“那有什么关系？”

我说：“对我没有什么关系。可是一个人提出‘明智就是做自

① ποιεῖν.

己的事'以后，又说人们做[1]别人的事并无碍于明智，这合适吗？"

B 他说："我有没有承认那些做别人的事的人是明智的？我不是
只承认那些造这种东西的人明智吗？"

我说："请告诉我，你是不是认为'做'和'造'不是一回事？"

他说："不同，'工作'[2]和'造'也不是一回事。我从赫西俄德[3]
那里学到这个区别，他说：没有一种工作是可耻的。如果他把'工
作'和'做'理解成你刚才说的那些事情，你相信他是要说缝鞋、卖
C 咸鱼或者站柜台都不可耻吗？可不能那样想，苏格拉底，我认为他
是把'造'理解得和'做'以及'工作'不一样，是想着造一件与美无
干的东西可以有点可耻，而工作并不可耻。因为只有造得美和有
益的他才叫作品，只有这样一种'造'他才叫工作和活动。也只有
这些工作他认为是我们自己的，凡是对我们有害的都不是我们的。
就是在这个意义下，赫西俄德和一切有理性的人才把做自己的事
的人称为明智的。"

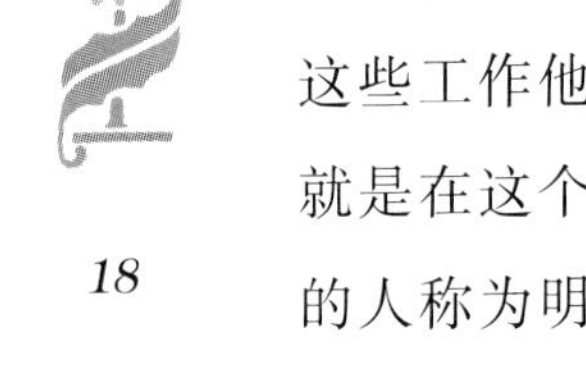

D 我跟他说："格里底亚啊，你一开口我就猜想到你是把专有的、
自己的理解为好的，把做好事称为活动，因为我已经从柏若狄果[4]
那里听到过成千上万次字义剖析了。我并不反对你给语词赋予你
所喜爱的意义，只要你用词的时候把意义确定下来我就满足了。
E 现在我们重新开始吧，请你明白地告诉我，你说做好事，或者造得
好，或者你所喜爱的其他说法，就是明智吗？"

---

① πράττειν.

② ἐργάζεσθαι.

③ Ἡσίοδος，《神谱》作者。语见《工作和日子》，309。

④ Προδίκος，公元前5世纪的智者。

他说:“我是这样说的。”

我说:“做坏事的就不明智,做好事的就明智吗?”

他说:“朋友,你自己不这样看吗?”

我说:“这不重要。我们要弄清的不是我的想法,是你的说法。”

他说:“我的意思是说,不做好事做坏事的,是不明智的人;做好事不做坏事的,是明智的人。因为做好事明智是我向你明确规定的。”

我说:“很可能你说的对,可是我感到吃惊,你居然认为一个人 164A
可以明智而不知道自己明智。”

他说:“我不是那样想的。”

我说:“刚才你不是说,匠人们做别人的事也可以是明智的?”

他说:“我说过这话,这怎么啦?”

我说:“没有什么。不过请你告诉我,医生治好病人,你认为他 B
是为自己又为病人做有益的事吗?”

他说:“是的。”

我说:“这样做就是做自己的事吗?”

他说:“是的。”

我说:“做自己的事岂不是明智的吗?”

他说:“是明智的。”

我说:“可是,一个医生必须知道自己的治疗有益还是有害,一个匠人必须知道自己做的活计有益还是有害吗?”

他说:“大概不必。”

我说:“有时候医生做了有益的和有害的事自己并不知道。按 C
照你的说法,他做得有益时就是做得明智。你不是这样说的吗?”

他说:“是的。”

我说:“这样看来,他因为做得有益,就是做得明智,也就是明智的。但是他并不知道自己,所以他并不知道自己明智。”

他说:“那是不可能的,苏格拉底。如果你认为从我的话里必
D 然得出这个结论,我宁愿收回那句话,宁愿坦然承认自己言中有失,误以为不认识自己的人可以是明智的。我倒是有一个确定的看法,认为明智就是有自知之明,同意那个在德尔斐神庙中树立这类铭文[1]的人。这个铭文我看是神灵向来人打招呼,用来代替通
E 常的口头语‘你好’[2]的,意思是认为那样说并不适当,人应当以明智互勉,不要只求快乐。神灵用这种方式向进庙的人打招呼,跟人们的想法完全不同。我是这样理解铭文作者的用意的。他向来的

165A 每一个人说:‘明智吧!’这话说得带谜语味道,是预言者的口气。‘认识你自己吧’和‘明智吧’是一个意思,铭文这样想,我也这样想。但是人们很可能看出另外一层意思,所以加上了两句:‘不要过分’和‘太认真要坏’。他们把‘认识你自己吧’当成一种劝告,而不当成神灵向进庙者打招呼。他们想显出自己也能提出有益的劝告,就把这两句话刻在墙上了。苏格拉底啊,我为什么要说这番话
B 呢?我的目的是要抛开前面的讨论。也许你说了些对的,也许我说了些对的,可是不管怎样,我们并没有说出确定不易的道理。我现在要提出一个新主意,就是向你论证明智即自知,如果你不承认的话。”

---

① 即“认识你自己吧!”

② χαῖρε,希腊人在家门口写上这个词,意为“愿你快乐”。

我说："格里底亚啊，你跟我合作，就好像我想要知道我询问你
的事情，而且我只要愿意就能同意你的看法似的。其实并非如此，
我是真心实意地寻求我们提出研究的那个东西，因为我对它一无
所知。等我把你的意思仔细思考了之后，我就会清清楚楚地告诉
你我是不是同意你的看法。请你给我思考的时间。" C

他说："那你就思考吧。"

我说："我这就在思考。如果明智是一种知识的话，那它显然是一门学问，一门关于某事的学问。对不对？"

他说："这是一门关于自己的学问。"

我说："医学是一门关于健康的学问吗？"

他说："是的。"

我说："如果你问我医学这门关于健康的学问对我们有什么好
处、起什么作用，我可以告诉你：好处可大哩！它给我们带来健康， D
健康是非常之美的，我想你会同意我这个看法。"

他说："我承认我也这样看。"

我说："如果我问你建筑术这门关于盖房的学问给我们带来什
么好处，我就说给我们带来房子。其他的各种技艺也都是这样。
你说明智就是关于自己的学问，一定能够说出个所以然来。如果 E
有人问你：'格里底亚啊，明智这门关于自己的学问给我带来什么
名副其实的美事呢？'你就来说说吧。"

他说："苏格拉底啊，你思考得不对路。明智跟其他的学问并不相似，其他的学问彼此也不相似，而你思考的时候却以为它们都是相似的。"接着他又说："请你告诉我，算术和几何是不是产生某种结果，就像建筑术产生房子，织布术产生衣服，以及其他各种技

166A 艺产生其他各种结果那样？你能给我指出这两门学问给我们带来的结果吗？当然不能。”

我说：“你说的对。不过我至少能向你指出，这两门学问每一门都是关于某个东西的学问，这东西又是跟学问本身不同的。例如算术这门学问就是关于偶数和奇数的属性和相互关系的。是不是？”

他说：“是的。”

我说：“偶数和奇数是跟算术本身不同吗？”

B 他说：“怎么不是？”

我说：“衡量术是关于重和轻的学问，而重和轻是跟衡量术本身不同的东西。你承认不承认？”

他说：“我同意。”

我说：“那就请你告诉我，明智这门学问的对象是什么？”

他说：“苏格拉底啊，你又旧病复发了！你现在是在追问明智
C 跟其他学问不一样的地方，却硬要寻找它跟其他学问相似之处。这种相似是不存在的。其他一切学问都是关于一个外在对象的学问，根本不是关于它自己的学问；只有明智这门学问的对象既是其他学问，又是它自己。这是你完全知道的。我以为你是在做你马上就要宣布不愿做的事，你只是为了打击我，驳斥我，根本不关心我们所讨论的问题。”

D 我说：“你怎么会以为我提出问题来逼你是别有用心呢？我问你和问我自己是目的相同的，我也要审查我自己说的话，恐怕我弄错了，以为自己知道并不知道的事情。我向你肯定：我只有一个目的，就是弄清我们讨论的对象，这样首先对我有利，大概也对朋友

们有利。弄清事情的真相是有利于所有的人的,你不这样看吗?"

他说:"我当然这样看,苏格拉底。"

我说:"那你就鼓足勇气吧,好朋友,按照你的看法回答我提的问题吧,不必担心吃亏的是格里底亚还是苏格拉底,把全部心思都 E
用到我们的研究对象上,一心专注研究所得的结论吧。"

他说:"很好,我就这样做,因为我觉得你说得很合适。"

我说:"那就请你说说对于明智的看法吧。"

他说:"我说这是一切学问中间唯一的一门既以它自己,又以其他学问为对象的学问。"

我说:"那它就既是学问的学问,也是无知的学问吗?" 167A

他说:"是啊。"

我说:"那么,就只有明智的人认识自己,能够探讨自己所认识的和不认识的事;在有关别人的事情方面,也只有他能够认识每一个人知道并且认为知道的事,以及每个人认为知道而并不知道的事。这是别的人都不能做的。总之,明智,有自知之明,就是知道自己所知道的和不知道的事。这是你心里想的吗?"

他说:"我是这样想。"

我说:"那就再来一次吧,因为好事都成三,让我们从头开始这 B
个研究,仔细看一看:首先,是不是有可能知道一个人知道他所知道的事,不知道他所不知道的事;其次,假如有可能知道,知道有什么用。"

他说:"我们来仔细看一看。"

我说:"来吧,格里底亚。你看在这一研究中你是不是有比我好的主意,我是没有什么办法的。我跟你说说我多么狼狈行吗?"

他说："行。"

C　我说："我怎么能不狼狈啊，如果真像你说的那样，有那么一门学问，它的对象不是别的，就是它自己和其他学问，而且它还以无知为对象？"

他说："是啊。"

我说："你看哪，朋友，我们提出了一个多么不可思议的景象啊！你要是把它放到其他的事情上，就会觉得简直莫名其妙了。"

他说："怎么样呢？什么事情呢？"

我说："是这样：你可以设想有一种'看'，它看不见其他的'看'
D 所看见的东西，却看见它自己和其他的'看'，并且看见'不看'；它
虽然是'看'，并看不见颜色，却看见它自己和其他的'看'。你认为
有这种'看'吗？"

他说："天哪，我当然不。"

我说："你能不能设想有一种'听'，它听不见任何声音，却听见它自己和其他的'听'，并且听见'不听'？"

他说："也不能。"

我说："再把所有的感官合起来考虑一下。你能不能设想有一种感官是感觉到它自己和其他的感官的，却感觉不到其他的感官所感觉到的东西。"

他说："不行。"

E　我说："你能不能设想有一种欲望，它并不要求任何快乐，却要求它自己和其他的欲望？"

他说："不能。"

我说："你能不能设想有一种意志，它不想要任何好事，却想要

它自己和其他的意志?”

他说:“当然不。”

我说:“你能不能设想有一种爱,它不爱任何美的东西,却爱它自己和其他的爱?”

他说:“我不能。”

我说:“也许你能想象一种‘怕’,它怕它自己和其他的‘怕’,却 168A
不怕任何可怕的事物?”

他说:“我不能想象。”

我说:“有没有一种意见,它是对于它自己以及其他意见的意见,却不是对于一般意见对象的意见?”

他说:“根本没有。”

我说:“可是我们却肯定有一种学问,它不是关于任何对象的学问,却是关于它自己和其他学问的学问。”

他说:“我们是这样肯定的。”

我说:“如果真有,那不是很奇怪吗?不过不能逼人否定它,还 B
是研究研究吧。”

他说:“你说的对。”

我说:“那么,这门学问就是关于某某对象的学问,具有联系到某某对象的能力。是不是?”

他说:“是啊。”

我说:“我们认定较大的东西具有大于某物的能力吗?”

他说:“它具有这种能力。”

我说:“即大于某个较小物的能力,因为它是被理解为较大的。”

他说:“必然是这样。”

我说:“如果我们发现一个较大的东西,它大于其他较大的东
C 西和它自己,而并不大于那些超过它所超过的东西的,由此是不是
必然得出结论:它既不大于它自己,也不小于它自己?”

他说:“必然如此,苏格拉底。”

我说:“如果有一个数目,是其他倍数和它自己的倍数,那么,其他倍数和它自己,相对于它这个倍数来说,岂不只能是半数吗?因为倍数是联系到半数的。”

他说:“对的。”

我说:“那大于自己的就同时是小于自己的,较重的就是较轻
D 的,较老的就是较少的,诸如此类,是不是?那具有联系到自己的
能力的,是不是也保持着联系到对象的能力?我的意思是说,‘听’
无非就是对于声音的‘听’,对不对?”

他说:“是的。”

我说:“如果‘听’听见它自己,那只能在有声音的条件下,因为否则它就听不见。”

他说:“必然如此。”

我说:“朋友,‘看’也是一样。如果它看见它自己,那只能在有
E 颜色的条件下,因为‘看’根本看不见无颜色的东西。”

他说:“当然看不见。”

我说:“格里底亚啊,在我们刚才列举的那些例子里,有些是完全不可能联系到自己的,有些是几乎无法联系到自己的。例如量、数之类就完全不可能。是不是?”

他说:“是啊。”

我说:“至于‘听’和‘看’,以及能使自己活动的‘动’,能使自己

暖和的'热',诸如此类,有很多人认为根本不能,有些人认为能。
朋友!我们一定要有一位能人来为我们毫不含糊地决定,究竟是 169A
根本没有一样东西具有联系到自己的能力,都是联系到别的东西
的,还是有些东西有这种能力,有些东西没有;如果有些东西能联
系到自己,我们称为明智的那门学问是不是属于这一类。我感到
自己没有能力作出这项决定。是不是能有一门关于学问的学问, B
我不能肯定。即便有这门学问存在,我也不能承认它就是明智,除
非我弄清了它对我们是否有益,因为我觉得明智是有益的,是好
的。加赖斯克若的儿子啊!你说过明智就是关于学问和无知的学
问,请你首先像我刚才说的那样,向我们说明这样一门学问是可能 C
的,然后再说明它是有益的。这样做你也许可以说服我,使我同意
你对明智的说法正确。"

格里底亚听了我的话,看到我的狼狈相,就像那些见人打呵欠就跟着打呵欠的人一样,马上狼狈起来。他由于被人恭维惯了,不
好意思当众承认自己不能解决我向他提出的难题,说不出一句明 D
确的话,只想掩盖自己的无能。我也不愿让讨论停顿,就跟他说:"格里底亚啊,要是你同意的话,我们就假定关于学问的学问是可能的,以后再考虑是不是真的可能。我假定这门学问是完全可能的,请你告诉我,这样是不是比较容易知道一个人所知道的和不知道的。因为我们已经说过,这就是自知之明和明智。对不对?"

他说:"是啊,苏格拉底,这很顺当。因为一个人如果有了那门 E
认识它自己的学问,就该跟他所具有的那门学问一样。一个人有

了捷才,就是敏捷的;有了美,就是美的;有了学问,就是博学的。他如果有了这门认识它自己的学问,就该认识他自己。"

我说:"我并不怀疑这一点。毫无疑问,一个人如果有了那认识自己的学问,他也会认识他自己。重要的是有了这门学问的人是不是必然知道他所知道的和不知道的。"

170A 他说:"当然知道,苏格拉底,因为那是一回事。"

我说:"也许是这样;不过我一时还跟不上,因为现在还不明白怎么知道自己就是知道一个人所知道的和不知道的。"

他说:"你这话是什么意思?"

我说:"我的意思是说:那门关于学问的学问所能做的,是不是不限于区别开两件事:一件是学问,一件不是学问?"

他说:"不然,它所能做的仅限于此。"

B 我说:"对健康有学问和没学问是不是一回事?对正义有学问和没学问是不是一回事?"

他说:"根本不是。"

我说:"我想,前一门是医学,后一门是政治学,那关于学问的学问就只不过是学问。"

他说:"当然。"

我说:"一个人如果既不知道健康,也不知道正义,只有那门关于学问的学问,那么,他由于有这门仅仅关于这方面的学问,就能够知道自己知道点东西,有某种学问,就会知道他自己方面和其他方面的事情。是不是啊?"

他说:"是的。"

C 我说:"可是他怎样会凭着这门学问知道他所知道的事呢?他

是凭着医学，不是凭着明智知道健康的；是凭着乐理，不是凭着明智知道和声的；是凭着建筑术，不是凭着明智知道盖房的事情的；诸如此类。对不对？”

他说：“看来是这样。”

我说：“如果明智只是那门关于学问的学问，他怎么会凭着明智知道他知道健康，知道他知道盖房的事情呢？”

他说：“那是不可能的。”

我说：“一个人不知道这些事情，就不知道他知道的事，只知道 D
他知道吗？”

他说：“看来是这样。”

我说：“那么，明智和通达就并不在于知道他所知道和不知道的事，仅仅在于知道他知道和不知道。”

他说：“大概如此。”

我说：“那样的人也不能判明某个自命为知道某事的人实际上是不是知道那件事，看来他只会知道那个人有某种学问，至于那是关于什么的学问，明智是不能使他知道的。”

他说：“看来不能。”

我说：“它并不能使我们分清冒充的医生和真正的医生，或者 E
在其他方面分清内行和外行。我们可以这样来研究：明智的人，或者别样的人，为了分清真医生和假医生，不会这样办吧？他肯定不会问他医学问题。因为我们说过，医生是只知道健康和疾病的。是不是？”

他说：“是的。”

我说：“对于学问，他是一无所知的，因为我们认为这正是属于明智的事情。”

他说：“是啊。”

我说：“医生不知道医学，因为医学是一门学问。”

171A 他说：“对了。”

我说：“医生有某门学问，这是明智的人肯定会看到的，可是他要想知道这是什么学问时，岂不该追问它是关于什么对象的吗？每一门学问的标志岂不是并非仅仅在于它是学问，而在于它是某一特殊学问，在于它是关于某某特殊对象的吗？”

他说：“正是这样。”

我说：“医学的标志，医学异于其他学问之处，就在于它是关于健康和疾病的学问。”

他说：“是的。”

B 我说：“那么，想要研究医学的人就应该研究这两件事情，这是医学的固有领域；而不应该研究那些在它以外的、与它无关的事情。”

他说：“当然。”

我说：“很好地从事医学研究的人应当根据健康和疾病来检验医生，评定医生的医道。”

他说：“看来是这样。”

我说：“他会专心研究医生的言论和行动，来判别哪些话说得对，哪些事做得对吗？”

他说：“必然如此。”

我说：“他如果没有医学，能不能弄清楚医生的言论和行动呢？”

他说：“根本不能。”

我说："除了医生以外，谁都不能，连明智的人也不能；要做这 C
件事必须既是医生又是明智的。"

他说："对了。"

我说："如此看来，明智如果仅仅是关于学问和无知的学问，那就很明显，它并不能使我们分清真正懂医的医生和冒充医生的人，并不能使我们在其他行当里说三道四。我们只能评论同行，和各行各业的工匠一样。"

他说："这很明显。"

我说："格里底亚啊，我们从这样的明智得到什么好处呢？如 D
果像我们在开头时候设想的那样，明智的人知道他所知道和不知道的，如果他知道他知道某些事、不知道某些别的事，如果他能够在这个方面评价别的人，我们就可以断言：明智对我们非常有用。因为我们有了明智，就可以生活得不犯错误，在我们领导下活动的其他的人也可以如此。这是因为我们不会去做自己不懂的事，而 E
是找出懂的人来，委托他们去办，至于那些在我们领导下的其他人，我们只让他们去做那些他们能够做好的事，即他们在那方面有学问的事。一个由明智管理的家庭必然管理得很好，一个由明智治理的城邦必然治理得很好，一切由明智支配的事情都是这样。因为人如果不做错事，一切行动都听以正理，就必定做得正确，做 172A
得正确就必定幸福。"接着我又说："格里底亚啊，我们对明智提出了这些看法，指出我们知道自己所知道的和不知道的有很大的好处。这样看对不对？"

他说："很对。"

我说："现在你看出这样一门学问是哪里都找不到的珍品吧。"

他说："我看出了。"

B 我说："也许，我们现在设想的这个明智，即关于学问和无知的
学问，有这样一种好处，就是有了它就很容易学会想学的事情，从
这门学问去看就把一切都看得很清楚，因为除了所学的东西之外，
还看到了这门学问，这就有助于判明其他的人的学习情况，而别人
想进行判断却缺少这门学问，就只能做得不深不透。是吗？也许，
C 我的朋友啊，我们应该希望从明智得到的好处就是这些吧。我们
是不是心里想着一件大事，就在这门学问里寻找一件比实际上更
大的事呢？"

他说："也许是这样。"

我说："也许，也许我们所进行的研究完全没有用。我之所以
这样想，是因为把明智规定成那样就会产生一些不可思议的结论。
D 要是你愿意的话，我们就来看看。我们假定这门关于学问的学问
是可能的[①]，我在起头的时候也说过，明智就是知道自己所知道的
和不知道的。我们不要否定它，我们承认它。作了这些让步之后，
我们再来仔细研究一下，看看明智在这样情况下是不是会给我们
带来好处。因为我们在上面刚刚说过，明智如果是这样的，它可以
在家庭和城邦中有益于治理，有很大的好处。格里底亚啊，这话我
觉得说得不大在理。"

他说："怎么呢？"

我说："因为我们轻易地断言，人如果做自己所知道的事，把自己不知道的交给知道的人去做，会得到很大的好处。"

---

① δυνατὸν εἶναι εἰδέναι，最后一字是衍文，应删。

他说:“这话说得不在理吗?” E

我说:“我觉得不在理。”

他说:“苏格拉底啊,事实上你是说了些不可思议的话。”

我说:“天狗爷在上,我自己也这样想。我就是怀着这个念头,
才说我会遇到一些不可思议的事,害怕我们研究得很不对头。老
实说,即便明智真是我们说的那样,我也说不清它能带给我们什么 173A
好处。”

他说:“怎么?你把话说清楚,让我们明白你的意思吧。”

我说:“我认为我是胡说八道。不过,只要浮现出一个念头,就该对它仔细考察,不可轻易放过,尽管它来得漫不经心。”

他说:“你说得很好。”

我说:“那就请你听一听我的梦想,不管它是从犄角门还是从
象牙门里飞出来的。[①]我的想法是这样:我们现在所设想的这样一
种明智,对我们有绝对支配的力量,它带领着各门学问会给我们做 B
什么工作呢?只起一种作用,就是如果有人冒充舵手而实际上不
是,我们借助于明智就不会受他的骗。如果有一个医生、一个将领
或者别的人自称知道自己并不知道的事,也蒙蔽不了我们。我们
由此岂不是会得到好处,例如身体的健康得以改善,海上和战场上
的危险得以排除,我们的家具、衣服、鞋子得以制造精美,因为我们 C
会使用真正的技术人员?如果你愿意的话,我们就承认占卜是一
门关于未来的学问,明智凭着它的支配作用使我们避开说空话的
人,把那些真正的预言家放到揭示未来的职位上。我完全明白,人

① 参看荷马:《奥德赛》,XIX,560。据说犄角门里出真梦。

D 类在这样的情况下会准照学问来行动和生活。因为明智十分警惕，不让那不学无术暗中潜入我们的工作。准照着学问办事，是不是会生活得很好，是不是会幸福，我亲爱的格里底亚啊，这一点我还不能看透。”

他说：“如果你认为准照学问办事并没有什么价值，那你就很不容易找到更好的生活目标了。”

我说：“请你再解释一下一个小问题。你是说准照什么学问

E 呢？是准照缝鞋的学问吗？”

他说：“宙斯在上，我不是这个意思。”

我说：“是铜匠的学问吗？”

他说：“不是。”

我说：“是不是纺毛匠、木匠之类的学问？”

他说：“也不是。”

我说：“那我就不再坚持主张准照学问生活的人生活幸福了，因为那些人虽然准照学问生活，你却不愿意承认他们幸福。我觉得你很像只把那种在某个方面准照学问生活的人算成幸福的人，

174A 例如预言家，这是我刚才说过的，他知道未来的一切。你是说这种人，还是说别的人呢？”

他说：“我是说这种人，也是说别的人。”

我说：“什么人？这不就是那种既知道未来又知道过去和现在、无所不知的人吗？我假定有这样的人存在。我想你会承认这是最能准照学问生活的人。”

他说：“就是。”

我说：“还有一个问题。是这些学问中间的某一种使他幸福，

还是全都同样使他幸福？”

他说：“并非全都一样。”

我说：“哪一门最能使他幸福呢？是关于现在、过去、未来一切 B
事件的学问吗？是下棋的学问吗？”

他说：“怎么是下棋呢？”

我说：“是计算吗？”

他说：“不是。”

我说：“是关于健康的学问吗？”

他说：“有点接近。”

我说：“那最能使人幸福的是什么学问呢？”

他说：“是分别善恶的学问。”

我说：“你这个坏家伙！你让我转圈子转了那么久，不让我知
道并不是一般地准照学问生活使人幸福，也不是同时联合一切学 C
问所能奏效，只有具备那门关于善恶的学问才行。格里底亚啊，你如果把这门学问跟其他一切学问分开，医学就不会给我们治好病，鞋匠的手艺就不会给我们缝鞋，织工的手艺就不会给我们提供衣服，舵工就不会在海上给我们救命，将领就不会在战场上给我们救命，是不是？”

他说：“是的，都不会。”

我说：“格里底亚啊，如果我们没了那门学问，那些事情就做不 D
出来，我们就得不到益处。”

他说：“你说得对。”

我说：“可是这门学问看来并不是明智，而是对我们产生有益作用的。因为它并不是关于学问和无知的学问，而是分别善恶的

学问。如果是它对我们有益,明智就该是与有益不同的。”

E 他说:“怎么!明智会没有益处?如果它果真是关于各门学问的学问,支配着其他一切学问,就该控制着那门关于善恶的学问,就该对我们有益。”

我说:“是明智使我们健康,而不是医学吗?是明智在做其他各种技艺的工作,而不是那些技艺各做各的工作吗?我们不是早就确认明智只是关于学问和无知的学问,不是别的吗?是不是?”

他说:“看来是这样。”

175A 我说:“那它就不会给我们带来健康吗?”

他说:“当然不会。”

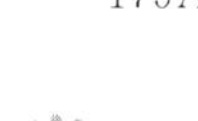

我说:“健康要靠另外一种技艺,是吗?”

他说:“靠另一种。”

我说:“那它就不会对我们有益了,朋友。因为我们已经把这种作用归给了另外一种技艺,是吧?”

他说:“是啊。”

我说:“明智如果不能给我们带来任何益处,它怎能对我们有益呢?”

他说:“苏格拉底啊,我看不能。”

B 我说:“格里底亚啊,你看,我很有理由担心,很有理由责备自己不能从明智里研究出什么益处来。因为那被大家公认为最好的明智,是不会在我们看来没有什么益处的,如果我还能好好进行研究的话。现在我们彻底失败了,我们发现不了造字的人把明智这个词用在什么上。然而我们提出了很多假设,都是道理所不能认可的。首先我们假定过一种关于学问的学问,道理却既不能容许

更不能主张这一个想法。我们还假定过这门学问也知道其他学问
的工作，虽然道理也不容许这样，可是我们愿意明智的人能够知 C
道，他知道自己知道的、不知道自己不知道的。这一点事实上是很
大方地假定的，并没有考虑到不可能以某种方式知道自己绝对不
知道的事情。因为我们承认他知道自己不知道，看来这是最不合
理的了。尽管我们怀着好心，态度大方，我们的研究却仍旧不能找 D
到真理，而是嘲弄真理。不管我们把明智的实质规定成什么，我们
总是遇到一个无情的结论，就是明智并没有什么益处。这个结论
并不使我感到痛心，我这个人没有什么。可是卡尔弥德啊，你仪表 E
堂堂，心灵明智，却终身不能从明智得到益处，获取助力，我感到非
常遗憾。我尤其遗憾的是白白费劲从特拉基人那里学了咒语去追
求一项毫无价值的事。我认为实际上决不能是这样，大概是我不
善于研究。明智的的确确是一件大好事，你如果有了它，你就会幸
福。你仔细看看，是不是你已经有它，根本不需要咒语。如果你真 176A
有它，我就要奉劝你把我只看成一个只会说空话的废物，根本不能
通过推理找出什么来，而你自己越明智就会越幸福。”

于是卡尔弥德说：“苏格拉底呀！宙斯爷在上，我的确不知道
我有没有它。这明智到底是什么，照你说你们两个人都不能说清，
我怎么会知道我有没有呢？苏格拉底呀！我不那么相信你刚才的 B
话，倒是非常需要那个咒语，愿意天天听你念几遍，直到你说够了
为止。”

格里底亚说：“好哇！卡尔弥德，你这样做就向我证明你是明智的。这就是把自己托付给苏格拉底的法术，让他给你念咒，一刻都不离开他。”

C　卡尔弥德说:“那我就紧跟着他,不离开他。我要是不服从你这位导师,不听你的命令,那就糟了。”

格里底亚说:“那我就下命令了。”

卡尔弥德说:“那我就执行,就从今天开始。”

我说:“你们两个人合谋做什么?”

卡尔弥德说:“没有什么,我们已经商定了。”

我说:“怎么! 你要对我强制执行,不让我选择吗?”

卡尔弥德说:“是的,强制执行,因为他下了这个命令。你考虑你该做什么吧。”

D　我说:“现在已经没有什么好考虑了。你已经下决心做一件事,甚至要采取暴力,有谁能抗拒你呢?”

卡尔弥德说:“那你就别抗拒吧。”

我说:“我不抗拒了。”

枚农篇

（或《论品德》，试探性的）

谈话人：枚农、苏格拉底、枚农的小厮、安虞铎

St. Ⅱ

枚农[①]：你能不能告诉我，苏格拉底呀，品德是可以传授的呢， 70A
还是锻炼成功的？如果既不能教，又不能练，是不是人本来就有
的，还是用什么别的办法取得的？

苏格拉底：枚农啊，你们帖撒利[②]人向来在希腊人中间以骑术 B
和财富著称，我认为现在你们也在智慧方面见长，尤其是拉里萨[③]
人，你的朋友阿里斯底波[④]的同乡们。你们的这个特点要归功于
戈尔极亚[⑤]。他来到这个城邦，以智慧吸引了阿娄阿[⑥]家族的精英
人物，其中就有你敬爱的阿里斯底波，以及帖撒利地区的其他杰出
人士。他使你们养成了一种习惯，只要有人向自己提问题，总是坦
率地、大大方方地作出回答，正如有知识的人所做的那样。任何一 C
个希腊人，只要想问他，他从来不闭口不答。

可是在我们这里，亲爱的枚农啊，情况正好相反，智慧是非常 71A

---

① Μένων，帖撒利人。

② Θέσσαλία，希腊北部地区，有好几个城邦。

③ Λάρισσα，帖撒利东部一个城邦。

④ ᾽Αριστίππος，不是苏格拉底的学生居勒尼派的阿里斯底波，是一个同名人。

⑤ Γοργίας，著名的智者。

⑥ ᾽Αλεύας，国王，他的后裔是拉里萨的望族。

缺乏的，好像已经从我们这里跑到了你们那里。至少，如果你在这里向一个人问这样的问题，没有不会听了哈哈大笑的；他会说：外乡人啊，你似乎认为我很幸福，至少知道品德是可以传授的，还是可以用什么别的办法取得的；其实我根本不知道品德是不是可以传授的，因为我并不知道品德本身[①]到底是什么。

B 枚农啊，这就是我自己的情况。我和我的同乡一样缺乏智慧，
很惭愧自己对品德一无所知。我既然不知道品德是什么，怎么知道品德有哪些特性呢？你想想，一个人不认识枚农，能知道他是不是美，是不是富，是不是高尚吗？你想这可能吗？

C **枚农**：当然不能。可是苏格拉底啊，你真的不知道品德是什么
吗？我可以回去告诉大家你是这样的人吗？

苏格拉底：朋友，我不但不知道品德是什么，而且还没有遇到任何一个人我认为他知道这个。

枚农：怎么？戈尔极亚在这里的时候，你根本没有遇到过他吗？

苏格拉底：我遇到过。

枚农：你认为他完全不知道这件事吗？

苏格拉底：我记不太清楚了，枚农，所以我现在不能立刻说出
D 我当时是怎样想的。也许他知道这件事，你也知道他所说的话。
请你提醒我他对品德是怎样说的；如果你愿意的话，你也可以自己说一说品德是怎么一回事，因为你的意见肯定跟他的一样。

枚农：我是那样看的。

---

① τὸ παράπαν ἀρετή，一般的美德，即美德的相。

苏格拉底:那我们就不管他吧,反正他不在这里。可是你,枚
农啊,诸神在上,你说品德是什么呢?请你说给我听,不要拒绝我
的请求。你把真相告诉我,我非常乐意揭穿自己说过的那句话不
对;我说自己从来没有遇到过任何人知道品德是什么,你和戈尔极
亚知道它是怎么一回事,这就表明我说错了。 E

枚农:其实这话并不难说,苏格拉底。首先,如果你想知道男
人的品性是什么,那很容易,就是能够管理国家的事务,在治国时
做有利于朋友而不利于敌人的事,保卫自己不遭受敌方损害。如
果你要我说女人的品德,那也不难,就是必须善于管理家务,把家
里的一切搞好,并且服从男人。还有几种品德是儿童的品德,不管
是男孩的还是女孩的,以及老人的品德,可以是自由人的,可以是 72A
奴隶的。此外还有许多别的品德,都必须一一说明它是什么,因为
每一种行业、每一种年龄、每一种活动都有它各自的品德。同样
地,苏格拉底啊,我认为卑劣也是各式各样的。

苏格拉底:看来我真是特别走运,我问的是一个品德,枚农啊,
却找到了你心里蕴藏着的一大窝品德。可是,就用蜂窝来作比喻,
枚农啊,如果我问你一只蜜蜂的本性,问这种本性是什么,而你对 B
我说蜜蜂是很多的,而且是多种多样的,那么,如果我再问你:既然
蜜蜂很多,而且多种多样、彼此不同,你是不是认为它们都是蜜蜂,
你又将怎样回答我?是不是它们并非在这一方面有所不同,而是
在其他方面,如在美的方面,大小方面,或者在其他诸如此类的方
面彼此有别?请告诉我,你将怎样回答这个问题?

枚农:作为蜜蜂,它们并非彼此不同的。

苏格拉底:枚农啊,如果我进一步问道:正是它们彼此并无不 C

同而是互相一致的这一点，请告诉我按照你的意见它究竟是什么？对这个问题你怎样回答呢？

枚农：我会回答的。

苏格拉底：各种品德也是这样。它们虽然很多，而且多种多样，却共有一个同一的型[①]，正是由于这个型，它们才都是品德。
D 回答我提出的问题的人要密切注意这个型，就是：品德本来是什么。你了解我的意思吗？

枚农：我认为我了解。不过我对于问题的实质掌握得还不像我希望的那样透彻。

苏格拉底：枚农啊，你似乎只联系到品德上，认为男人有男人的品德，女人有女人的品德，其他的人有其他的品德，是不是？是不是健康、身材、强壮也是这样？你是不是认为男人有一种男人的健康，女人有另外一种女人的健康？还是与此不同，有一个同一的型，无处不在，只有它是与健康有关的，不管在男人身上还是在其
E 他的人身上？

枚农：我想男人的健康和女人的健康是一回事。

苏格拉底：身材和强壮也是这样吗？如果一个女人是强壮的，那是由于那同一的型、同一的强壮她才强壮吗？我说同一，意思是指强壮在强壮者中间是没有区别的，不管是在男人身上还是在女人身上。你想有区别吗？

枚农：我想没有。

73A **苏格拉底：**难道品德在有品德者身上应当有区别，在儿童和老

① εἶδος，即相。

人、男人和女人身上应当不一样吗?

枚农:我有点拿不定主意,苏格拉底,我觉得这和上一种情况不完全一样。

苏格拉底:怎么?你不是说,男人的品德是善于治国,女人的品德是善于治家吗?

枚农:是的。

苏格拉底:一个人如果不审慎、不公道,能把国家、家庭或者别的事情管理好吗?

枚农:当然不能。 B

苏格拉底:如果治理得审慎、公道,那就是用审慎和公道来治理吗?

枚农:必定是。

苏格拉底:这样看来,男人和女人如果要做好人,就需要有同样的东西,即公道和审慎。

枚农:显然如此。

苏格拉底:怎么?小孩和老人要是放肆而且不公道,能做好人吗?

枚农:当然不能。

苏格拉底:要是审慎而且公道,行吗?

枚农:行。 C

苏格拉底:所有的人都是以同样的东西成为好人的。他们有了这样东西,就成了好人。

枚农:看来是这样。

苏格拉底:人们的品德如果不是同一个品德,他们就不能以同样的东西成为好人。

枚农：不能。

苏格拉底：既然品德在所有的人身上是同样的，那就请你回忆一下，说出戈尔极亚所说的品德是什么；你是和他想法一致的。

D **枚农：**如果你要寻求一个普遍适用的定义，那就是能够治理人们。

苏格拉底：这正是我所寻求的。可是，枚农啊，这就是一个孩子的品德和一个奴隶的品德吗？一个奴隶的品德就是能够治理他的主子吗？你认为那治理人的还是奴隶吗？

枚农：我认为决不是。

苏格拉底：那当然不合适。你仔细想想。你说就是能够治理。我们不是应该在这上头再加上“公道地”，而非“不公道地”吗？

枚农：我认为应该。因为公道就是品德，苏格拉底。

E **苏格拉底：**枚农啊，是品德，还是一种品德？

枚农：你这话是什么意思？

苏格拉底：还是那个意思。例如说到圆，我就说圆是一种形，而不干脆说它是形。我之所以这样说，是因为此外还有许多别的形。

枚农：你说得很对，因为我也不是单单把公道称为品德，还把许多别的东西称为品德。

74A **苏格拉底：**哪一些呢？请你说说。我也能给你说出另外一些形，如果你要我说的话；你也给我说出另外一些品德吧。

枚农：我觉得勇敢就是品德，此外还有审慎、智慧、豁达以及许多别的。

苏格拉底:我们又遇到前面那种情况了,枚农。我们只寻求那统一的品德,却找到了许多品德,只是方式跟以前不一样;而那个在这一切里面的统一的品德,我们还是没能找到。

枚农:我还是不能像你寻求的那样,苏格拉底,在这一切里面 B
把那个统一的品德找出来,就像我能在别的东西里找到统一的东西一样。

苏格拉底:那很自然。不过我想做一个试验,尽我的能力把我们向前推进一步。因为你很明白,这件事是跟别的事没有什么两样的。如果有人像我刚才那样问你:枚农啊,形是什么?你跟他说是圆,然后他又像我刚才那样说:圆是形,还是一种形?你会说是一种形吗?

枚农:那当然。

苏格拉底:是因为还有一些别的形吗? C

枚农:是的。

苏格拉底:如果他再问你,那些形是什么?你会把它们说出来吗?

枚农:当然会。

苏格拉底:如果有人以类似的方式问你颜色是什么,而你答道白是颜色,然后他又问你白是颜色还是一种颜色,你会说是一种颜色,因为还有更多的颜色吗?

枚农:当然会。

苏格拉底:如果他要你说出其他的颜色,你会给他说出另外一 D
些颜色,其为颜色不下于白吗?

枚农:会的。

苏格拉底:如果他像我那样扭转话题,说我们总是说到多上,说不到一上,你怎么办?你不是用一个同样的名字称呼那林林总总的多,认为其中的每一个都是形,尽管它们是彼此相反的;你不
E 是把那个既包括圆也同样包括直的东西称为形,认为圆之为形不下于直吗?你不是那样说的吗?

枚农:是的。

苏格拉底:你那样说的时候,是不是认为圆的并不比直的圆,直的并不比圆的直?

枚农:不是,苏格拉底。

苏格拉底:可是你说圆之为形不多于直,一个不多于另一个。

枚农:你说的对。

苏格拉底:可是你用形这个名字称呼的是什么东西呢?请你讲一讲。如果有人在形的方面或者颜色方面向你提出这样的问

75A 题,而你说:“我一点都不了解你要我讲什么,也不明白你是什么意思”,那个人也许会吃惊地说:“你难道不了解我在寻求那个在这一切里面同一的东西吗?”要是你还不知道怎么讲,人家就问你:“你在圆、直等等里面称之为形的那个东西,不就是在一切里面同一的吗?”你试着讲讲这个东西吧,这样可以练习一番,有助于回答品德的问题。

B **枚农**:不,苏格拉底,你自己讲讲吧。

苏格拉底:我得帮你一把吗?

枚农:那当然。

苏格拉底:你也愿意跟我说说品德方面的事情吗?

枚农:愿意。

苏格拉底:那我就尽力来做这件事,因为这是值得的。

枚农:当然。

苏格拉底:那我就试着给你说说形是什么。你看是不是赞成
这样的定义:形就是一切事物中间那个唯一伴随着颜色的。你是 C
满意呢,还是想采用别的定义?只要你像这样给我说明品德,我就非常满意了。

枚农:可是这太浅薄了,苏格拉底。

苏格拉底:你怎么这样说呢?

枚农:照你说,形是永远伴随颜色的。好。如果有人说他不知道颜色是什么,如同他对形一样无知,你想又怎么回答他呢?

苏格拉底:我想如实回答。如果问的人属于那种聪明的、好辩 D
的、好胜的人士,我会跟他说:"我已经说过了,如果我说的不对,你可以抓住我的说法加以驳斥。如果你和我是朋友,愿意互相启发,我就必须用比较温和的、比较有利于讨论的方式来回答。比较有利于讨论的方式就是不仅如实回答,而且只用问者也承认的那些话。我要试着用这种方式来给你说明。请你告诉我,你是不是
把某种东西称为终点,而我把它说成界限和末端?我在这里是 E
把这三个说法当成一个意思。也许柏若狄果会同我们争论,你还是说某某东西有界限、有终点的。我并不认为这有什么细微的区别。"

枚农:我是这样说的,我相信我了解你的意思。

苏格拉底:你不是把某种东西称为面,把另一种东西称为体, 76A
像几何学上那样吗?

枚农:我是这样做的。

苏格拉底:你由此出发也许会理解我对形的想法。我一般地说到形时,认为形就是给体定下界限的东西,所以我可以一般地说,形就是体的界限。

枚农:那你把颜色称为什么呢,苏格拉底?

苏格拉底:你太放肆了,枚农。你把一道难题放在一个老头儿
B 面前要他回答,却不肯自己回忆一下,把戈尔极亚对品德的说法告诉我。

枚农:如果你肯给我讲讲这一点,苏格拉底,我马上给你说。

苏格拉底:枚农啊,只要你一说话,一个蒙上眼睛的人就会发觉你是个美少年,而且有追求你的情人。

枚农:为什么?

苏格拉底:因为你谈话的时候只是发命令,就像那些娇生惯养
C 的哥儿们似的,只要还年轻,总是指指点点。也许你已经发现我这个人难过美人关,那我就听你的吩咐,回答问题吧。

枚农:那你就照我说的办吧。

苏格拉底:你乐意我照着戈尔极亚的样子给你回答吗?你是最爱学他的。

枚农:我当然乐意,为什么不这样呢?

苏格拉底:你们不是按照恩贝陀格勒[①]的说法,认为各样物件里流出某种东西吗?

枚农:是的。

---

① 'Εμπεδοκλῆς.

苏格拉底：还认为有一些口子，流出物就是从这些口子里流出 D
来的，是吗？

枚农：对了。

苏格拉底：并且认为在这些流出物中间有一些是适合通过某些口子的，另外一些则不适合，不是太大就是太小。是吗？

枚农：是这样。

苏格拉底：那你说得出视觉是怎么一回事吗？

枚农：是的。

苏格拉底：那就像宾达若[①]说的那样，抓住我说的意思吧。颜色就是一种从形体流出的东西，与视觉相配合，可以被感觉到。

枚农：你给我讲得太好了，苏格拉底，完全对我的心思。

苏格拉底：也许这是对了你所习惯的方式。在这以外，我相信 E
你已经发现自己能够说明声音、气味之类的东西了。

枚农：正是。

苏格拉底：这个答案带悲剧性，枚农，所以你特别欢迎，胜过那个关于形的答案。

枚农：我承认。

苏格拉底：可是，阿勒克锡兑谟[②]的儿子啊，尽管如此，我还是相信那个答案要好些。我也相信你会同意我的看法，不再像你昨天说的那样见了严肃的事情就跑开，能够留下来听人家开导。

枚农：只要你愿意给我说许多这一类的话，苏格拉底，我情愿 77A

① Πίνδαρος，抒情诗人。

② Ἀλεξιδήμος，枚农的父亲。希腊人惯于以父名称呼人。

留下来。

苏格拉底:凭良心说,为了你也为了我,我愿意给你说这一类的话,一句也不少;只是我恐怕不能说很多。现在请你开始兑现你的诺言,从普遍的角度讲一讲品德是什么,不再化一为多,像人们开玩笑说的那样"打破砂锅成碎片",而是让它完完整整的,
B 新鲜活跳的,说出品德是什么。我已经做过这样的事情给你做样板。

枚农:在我看来,苏格拉底啊,品德就在于像诗人说的那样,欣赏美的东西而且能够取得它。我把品德称为能够追求并且取得美的东西。

苏格拉底:你是不是以为追求美的东西的就是追求好的东西的?

枚农:当然是这样。

C **苏格拉底**:是不是有些人追求坏的,另一些人追求好的?我的好人儿啊,你不认为所有的人都追求好的吧?

枚农:我不这样看。

苏格拉底:你认为有些人追求坏的吗?

枚农:是的。

苏格拉底:你说,是不是有些人把坏的当成好的,有些人明知其为坏的,却追求它?

枚农:我以为两样都有。

苏格拉底:那你相信有人知道坏的东西坏仍然追求它吗?枚农?

枚农:正是这样。

苏格拉底:你说追求它,是什么意思? 是指它成为他的东西吗?

枚农:是指它成为他们。还能是别的意思吗? D

苏格拉底:你是认为坏东西对占有它的人有利,还是认为它对沾上它的人有害?

枚农:有的人认为坏东西有益,也有人认为坏东西是有害的。

苏格拉底:依你看,那些知道坏的东西坏的人认为坏的东西有益吗?

枚农:我不这么看。

苏格拉底:那就很明显,那些追求坏东西的人是不知其为坏东西,他们是在追求自己以为好实际上却坏的东西。所以是那些不知道一件东西坏却以为它好的人,在追求那看来好的东西。不是吗? E

枚农:看来是这样。

苏格拉底:怎么? 那些人追求坏东西,并且像你说的那样认为坏东西对沾上它的有害,是知道它会危害自己的?

枚农:必定知道。

苏格拉底:他们不想到受害者既然受了害,就是可怜的人? 78A

枚农:也必定如此。

苏格拉底:不想到可怜的人是不幸的?

枚农:我以为是这样。

苏格拉底:有没有那样一个人愿意可怜和不幸?

枚农:我想没有,苏格拉底。

苏格拉底:这样看来,枚农啊,一个人不愿意做这样的人,就不愿意要坏东西。因为可怜无非就是期望并且取得坏东西,是吗?

B **枚农**：看来你说得对，苏格拉底，没有人愿意要坏东西。

苏格拉底：你以前不是说，品德就是愿意要好东西，并且能够取得它？

枚农：我说过。

苏格拉底：根据这句话，愿望就是人人共有的；从这方面看，就没有一个人比别人好些，是吗？

枚农：看来是这样。

苏格拉底：很明显，如果一个人比别人好些，那只是在能力方面高些。

枚农：当然。

C **苏格拉底**：这样看来，按照你的说法，似乎品德就是取得好东西的能力了。

枚农：依我看来，苏格拉底啊，事情正像你设想的那样。

苏格拉底：那我们就来看看你是不是对，因为你也许是对的。人们能够取得好东西，你说这就是品德？

枚农：我是这样说的。

苏格拉底：你不把健康和财富称为好东西吗？

枚农：我说这是拥有金子和银子，在城邦里有声望和官位。

苏格拉底：你把这类事情之外的什么东西称为好的吗？

枚农：不，我认为这类事情是好事。

D **苏格拉底**：怎么！取得金子和银子就是品德，这就是枚农这位王上殿下的世袭嘉宾说的话！枚农啊，你在这个取得上再补上以公道的、虔诚的方式，好么？你是不是不加这种区别，只要有人以不公道的方式取得金银，你就不折不扣地称之为品德？

枚农:决不,苏格拉底。

苏格拉底:而称之为邪恶?

枚农:肯定是这样。

苏格拉底:那么,看来这种取得一定要伴随着公道、审慎、虔
诚,或者伴随着品德的另外一部分;如果不是这样,这取得就不是 E
品德,尽管它也带来好的东西。

枚农:如果没有这个,它怎么能是品德呢?

苏格拉底:可是,如果不公道就弄不到金子和银子,不管对于自己来说,还是对于别人来说,都是这样,这种弄不到手和欠缺就不是品德了,是吗?

枚农:我看是这样。

苏格拉底:那么,取得这样的好东西和弄不到手就同样不是品
德;看来与此相反,只有那伴同着公道出现的才是品德,没有这类 79A
东西的就是邪恶。

枚农:我想必定是这样,像你说的样子。

苏格拉底:刚才我们不是提出来说,这些性质的每一个,公道、审慎和这一切,都是品德的一部分吗?

枚农:是的。

苏格拉底:那你在戏弄我吧,枚农?

枚农:你怎么这样说,苏格拉底?

苏格拉底:因为我不久前请求你给我说说品德是什么,既不把
它打碎,也不把它弄成粉末,而且为你回答问题提供了样板,而你
对这些置若罔闻,跟我说:如果有人能够公道地取得好东西,那就 B
是品德,而公道据你说就是品德的一部分。是不是?

枚农：我是这样说的。

苏格拉底：按照你的说法，凡是以品德的一部分做出的，就是品德。因为你说公道是品德的一部分，其他的每一种性质也是这样。

枚农：我这话意味着什么？

苏格拉底：这意味着：我请求你给我讲讲整个品德，而你答非
C 所问，只是说，每一个行动，只要是以品德的一部分来进行的，就是品德；既然你说过品德这东西是完整的，那我就会承认它，即使你按照各个部分把它打得粉碎。所以我认为有必要重提原来的问题，枚农啊，就是问：如果每一个含有品德一部分的行动就该是品德，那么品德又是什么呢？因为那个说话的人说，每一个以公道进行的活动都是品德。你是不是认为没有必要再提原来的问题，相信一个人不知道品德本身是什么，却知道品德的一部分是什么？

枚农：我不那样想。

D **苏格拉底**：你可以回忆一下，我刚才给你作了一个关于形的回答，我们指责这种回答是用尚待寻求的东西和尚未认定的东西来作答。

枚农：我们有理由指责它，苏格拉底。

苏格拉底：那么，我的好人儿啊，在仍然寻求完整的品德是什
E 么的时候，你别以为在答案里添加品德的部分就能给大家说明品德为何，别以为用这样的方式可以说明什么东西；要知道这样会永远回到老问题上，即品德是什么，因为你说到你所说的那个东西了。你以为我说的没什么道理吗？

枚农：我认为说得很有道理。

苏格拉底：那就请你重新回答一次你所说的话：你和你的朋友认为品德是什么？

枚农：苏格拉底啊，我在遇到你之前听说你总是自己处在困惑 80A
之中又使别人陷于困惑。现在我亲眼见到你以你的魅力、你的法
术、你的符咒加在我身上，使我完全困惑。说句笑话，你真像那种
扁平的海鱼，就是所谓电鳗，无论在外形上还是在其他方面都像，
把我完全制服了。因为这种鱼使每一个接近它、碰到它的人发呆。B
我觉得你现在就对我起了这样的作用。因为实际上我的灵魂和嘴
巴都发了呆，不知道怎样回答你。我曾经当着很多人的面对品德
发表过几千次讲话，自以为讲得很好。现在我却根本不知道讲品
德是什么了。因此我以为你最好不要从海路或陆路离开这里到别
处去。因为你如果在别处以异邦人的身份做这样的事，人家也许
会把你当成变妖术的抓起来。

苏格拉底：你真狡猾，枚农，你几乎把我蒙骗了。

枚农：怎么这样说，苏格拉底？

苏格拉底：我看出你为什么拿我打比方。

枚农：你以为是为了什么？ C

苏格拉底：为了使我再拿你打比方。我知道所有的漂亮人都
爱人家拿他打比方来刻画他的形象。这样一来他就出名了，因为
漂亮人的形象我认为就是漂亮。可是我不会再拿你打比方。如果
你说的电鳗使别人发呆的时候自己也发呆，那我就像它；如果不是
这样，我就不像它。因为我使别人陷于困惑的时候自己并不是清
楚明白的；正相反，我自己总是也处在困惑之中，并把别人也拉进 D
困惑。现在我对于品德是什么一无所知，而你也许在碰到我之前

先知道了，现在却很像一个不知道的人。尽管如此，我还是愿意和你一道考虑和研究品德是什么。

枚农：苏格拉底，一件东西你根本不知道是什么，你又怎么去寻求它呢？你凭什么特点把你所不知道的东西提出来加以研究呢？在你正好碰到它的时候，你又怎么知道这是你所不知道的那个东西呢？

苏格拉底：我明白你的意思，枚农。你看，你给我们提出一个
E 多么大的争辩性论题！这就是：一个人不可能去寻求他所知道的东西，也不可能去寻求他不知道的东西。他不能寻求他知道的东西，是因为他已经知道了，用不着再去寻求了；他也不能寻求他不知道的，是因为他也不知道他应该寻求什么。

81A **枚农：**你不觉得这是一个很美妙的论题吗，苏格拉底？

苏格拉底：我不这么看。

枚农：你能说出原因吗？

苏格拉底：当然能！因为我听到一些精通神圣事物的男人和女人说过。

枚农：这些人说过什么话？

苏格拉底：一些很真实的话，我认为这种说法是真的，也是美的。

枚农：什么话？说的人是谁？

苏格拉底：说这话的是一些祭司和女祭司，他们是公认为能够
B 为自己的岗位工作作出解释的。这样说的还有宾达若和另外一些圣洁的诗人。他们的说法如下，请考虑一下你是不是觉得他们说的对。

他们是说，人的灵魂是不死的，它一会儿完结了，也就是所谓

死了，一会儿又回转了，却永远不消灭。因此人必须最为圣洁地活着。因为：

犯有过失的人们不免沉沦，
九年之后贝塞坡娜[①]却放回他的灵魂，
让它重见天日，从其中产生高贵的国君， C
以及富于智慧和强大的人们。
在以后的日子里，
他们被崇奉为英雄和圣人。[②]

所以灵魂是不死的，而且诞生过很多次，有时在这个世界上，有时在下界度过，见到过各样事情，没有什么东西不在它的经验之中。因此没有什么奇怪，它能够回忆到品德以及其余的一切，这是 D
它以前已经知道了的。因为整个自然是联成一气的，灵魂是经历过一切的，所以只要回忆到一样东西，即是人们所谓学到一件事，就不免由此发现其余的一切，只要他是勇敢的、不懈于钻研的。因为钻研和学习无非就是回忆[③]。

所以我们决不要听从那个争辩性的论题，因为它只会使我们懈怠，只有软弱的人才爱听。我说的那个说法则使我们努力研究， E

① Περσεφόνη，冥后。

② 见宾达若的残篇 133。

③ ἀνάμνησις.

使我们信服它是真的，我愿意同你一道来研究品德是什么。

枚农：我知道了，苏格拉底。可是你为什么说我们不是在学习，而是像我们说的那样在回忆呢？你能不能教给我这是怎么一回事？

82A **苏格拉底：**我刚说过你狡猾，枚农。你现在问我能不能教你，如果我说没有什么传授，只有回忆，那我就显得自相矛盾了。

枚农：当然不是，苏格拉底。我这样说并不是有意的，是出于习惯。如果你能给我指出事情像你说的那样，请你讲吧。

苏格拉底：这当然不容易，不过我愿意进行这件工作，使你满
B 意。你带了许多随从，请你任意从其中喊出一个来，我在他身上向你证明我的说法。

枚农：我很乐意从命。[①] 你来！

苏格拉底：他是希腊人，会说希腊话吗？

枚农：说得挺好；他是家生子。

苏格拉底：请注意他的表现，看他究竟是自己在回忆，还是在学我。

枚农：我会注意的。

苏格拉底：[②]你告诉我，小厮，你知道这个四四方方的正方形吗？

---

① 他转身向一个小厮说。

② 在地上画了一个正方形，用手指着问那个小厮。其图如下：

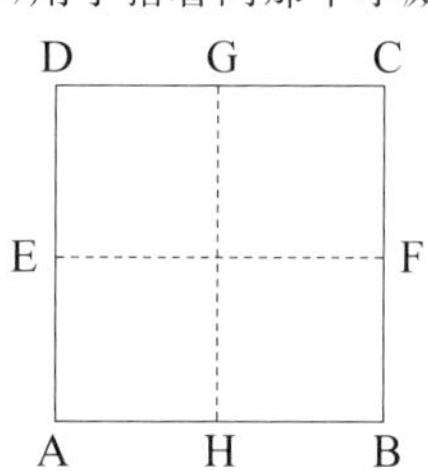

小斯：知道。

苏格拉底：正方形的四条边是相等的吗？ C

小斯：是相等的。[①]

苏格拉底：通过正方形的中心画出的两条线，不也是相等的吗？

小斯：也是相等的。[②]

苏格拉底：正方形能大些或小些吗？

小斯：能。

苏格拉底：如果这条边是二尺长，那条边也是二尺长，整个正方形一共有几方尺？你想想看。如果这条边是二尺长，那条边只有一尺长，整个形的面积不是二乘一方尺吗？

小斯：是的。

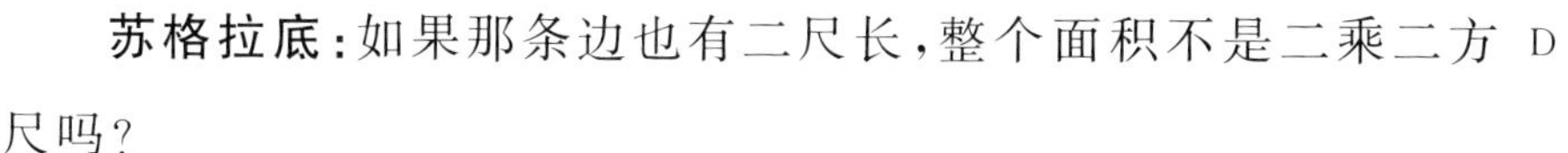

苏格拉底：如果那条边也有二尺长，整个面积不是二乘二方 D
尺吗？

小斯：是这样。

苏格拉底：是二乘二方尺？

小斯：是的。

苏格拉底：二乘二是几方尺？你算出来告诉我。

小斯：是四方尺，苏格拉底。

苏格拉底：不是可以有另外一个正方形，它的面积是这个正方形的二倍，却和这个正方形一样所有的边都是相等的吗？

小斯：是的。

① AB＝BC＝CD＝DA。

② EF＝GH。

苏格拉底：这另外一个正方形有几方尺？

小厮：有八方尺。

苏格拉底：好！你试着告诉我，这正方形的每一条边是几尺长。前一个正方形的四条边是二尺长，比它大二倍的正方形的四条边是几尺长呢？

小厮：很明显，苏格拉底，是二倍长。

苏格拉底：枚农啊，你看，我并没有教他这些，而只是问他。现在他认为自己知道那个构成八方尺正方形的边有多长。你不觉得他是这样的吗？

枚农：我觉得是这样。

苏格拉底：他是真的知道吗？

枚农：并不真知道。

苏格拉底：他以为这是由二倍长的边构成的吗？

枚农：是的。

苏格拉底：我们来看看他是怎样一步一步回忆的，怎样按照应有的次序回忆的。

83A [①]你告诉我，你是说由二倍长的边构成了二倍大面积的正方形吗？可是我的意思并不是指那种一边长一边短的长方形，而是指四条边一样长的正方形，它的二倍就是八方尺。你看看，你还是认为这个面积的形由二倍长的边构成的吗？

小厮：我认为是这样。

苏格拉底：好！如果我们在这条边上再添上一条同样长的线，

① 转过来向小厮说。

添加之后的边就是原来的二倍长吗？

小斯：当然。

苏格拉底：你以为由这条线会构成一个八方尺的正方形，如果我们画出四条这样的边的话？

小斯：是的。

苏格拉底：那我们就给你画四条一样长的边。① 这是不是你所 B
谓的八方尺面积的正方形呢？

小斯：就是。

苏格拉底：这个正方形里不是有四个与原来的正方形相等的面积吗？

小斯：是的。

苏格拉底：那它有多大？不是四倍大吗？

小斯：怎么不是？

苏格拉底：这四倍和二倍一样大吗？

小斯：绝不是，宙斯在上。

苏格拉底：那是几倍呢？

---

①
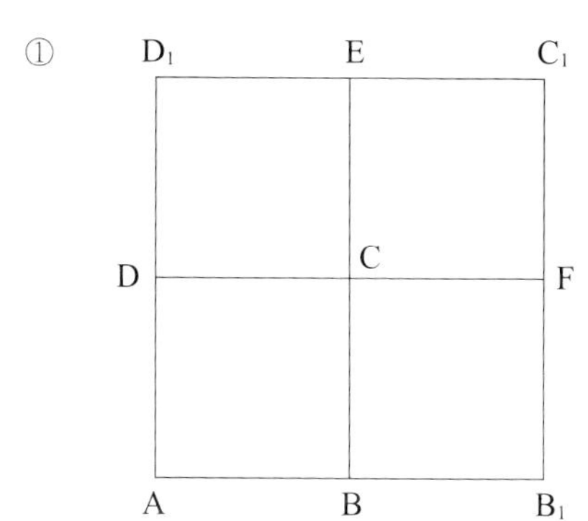

$\square AB_1C_1D_1=4\times\square ABCD$

小斯:四倍。

C **苏格拉底:**那么,由二倍长的边构成的并不是二倍大面积的正方形,而是四倍大面积的正方形。

小斯:你说的对。

苏格拉底:因为四的四倍是十六。不是吗?

小斯:是啊。

苏格拉底:那么,八方尺大的正方形是由多长的边造成的呢?由这么长的边并不构成四倍大的面积吧?

小斯:我同意。

苏格拉底:那四方尺大的正方形是由一半长的边构成的吧?

小斯:是的。

苏格拉底:那八方尺大的正方形不是由这条边的二倍、也不是由那条边的一半构成的吗?

小斯:是的。

D **苏格拉底:**那它不是该由一条大于这条边、小于那条边的边构成的吗?对不对?

小斯:我是这样想的。

苏格拉底:很好!你要永远照自己想的回答问题。告诉我,这条边不是二尺,那条边不是四尺吗?

小斯:是的。

苏格拉底:那么,那八方尺大正方形的边就该大于二尺,小于四尺。

小斯:是啊。

E **苏格拉底:**那你就试着说,你认为它有多长。

小厮:三尺长。

苏格拉底:好。如果它应该是三尺长,我们愿意把原来的二尺再加上其一半,成为三尺,因为这是二尺,加上那个一尺,在另外一条边上也有这个二尺,那个一尺。这样就成了你心目中的那个正方形了。

小厮:是啊。

苏格拉底:如果这条边有三尺长,那条边也有三尺长,整个正方形的面积就是三倍的三方尺了。

小厮:显然是这样。

苏格拉底:三乘三是几方尺呢?

小厮:九方尺。

苏格拉底:那二倍的面积该是几方尺呢?

小厮:八方尺。

苏格拉底:那么,由三尺长的边也并不构成那八方尺大的正方形咯。

小厮:当然不。

苏格拉底:那你给我们确切地说出是由哪样的边构成的;如果 84A
你不愿说出数目,只要指出由哪条边就行。

小厮:宙斯在上,苏格拉底啊,这个我并不知道。

苏格拉底:你仔细瞧瞧,枚农啊,他在回忆中前进了多远?一起头,他完全不知道八方尺正方形的边是怎么样的,正如他现在仍然不知道一样,只是那时他认为自己知道,并且冒冒失失地作出回答,好像胸有成竹似的,不认为自己遇到困难。现在他认为自己遇 B
到了困难,他对此无知,也认为自己对此无知。

枚农：你说的对。

苏格拉底：在他所不知道的那件事情上，他现在不是处在较好的状态吗？

枚农：我也这样想。

苏格拉底：我们使他陷于困惑，使他像遇到电鳗时那样发呆，有没有伤害他？

枚农：我想没有。

苏格拉底：我们倒是预先给他作了一些启发，使他能够去发现这一方面的真理。因为现在他很乐意寻求它，以弥补自己的无知；
C 当初他却认为自己可以毫无困难地高谈阔论，说二倍面积的正方形必须由二倍长的边构成。

枚农：看来是这样。

苏格拉底：你有没有想到，他曾经努力去寻求或学习他以为知道而并不知道的东西，后来才被启发到有所怀疑，承认自己无知，因而力求认知？

枚农：我没有想到，苏格拉底。

苏格拉底：使他困惑对他有用吗？

枚农：我想有用。

D **苏格拉底：**现在你再看看，他如何从这种困惑出发，就跟我一同寻求，将有所发现，虽然我只是询问他，并没有给他传授什么东西。你仔细观察一下，看看你是不是在什么地方发觉我在教他、暗示他，总之，我所做的不过是询问他心里想的。

[1]你告诉我：这不是我们的四方尺正方形吗？你懂吗？

---

① 转身向小厮说。

小厮：我懂。

苏格拉底：我们就不能给它加一个与它相等的面积吗？①

小厮：能。

苏格拉底：能再加上第三个与那两个四方形一样大的面积吗？②

小厮：能。

苏格拉底：我们不能在欠缺的那个角上把它填满吗？③

小厮：当然能。

苏格拉底：这不是四个一样大的正方形吗？

---

① 在原来的正方形□ABCD上再加一个□DCEF，即：

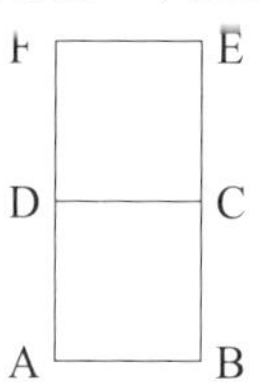

② 在□ABCD和□DCEF上再加上□CGHE，即：

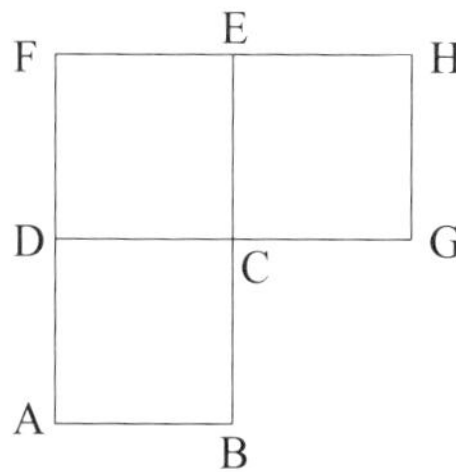

③ 在∠BCG这个角上再加上□BIGC，即：

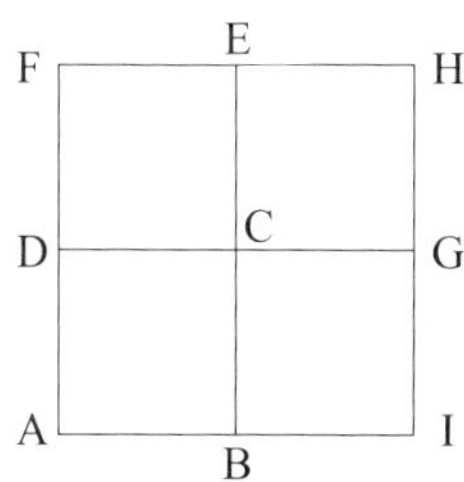

E **小斯**:是啊。

苏格拉底:整个这个面积是原来的正方形的几倍?

小斯:四倍。

苏格拉底:我们要得到的却是二倍的面积。你不记得吗?

小斯:正是。

苏格拉底:从一个角到另一个角的那条线不是把这些正方形
85A 的每一个分成两个相等的部分吗?[①]

小斯:是啊。

苏格拉底:这四条相等的线不是包围着那个正方形吗?

小斯:是这样。

苏格拉底:你看那个正方形有多大面积?

小斯:我不了解。

苏格拉底:在这四个面积中间,每一条线不是把每个面积分成两半吗?对不对?

① 这些对角线将每个正方形一分为二。即:DB 把□ABCD 分成△DBC = △DBA,余同此。

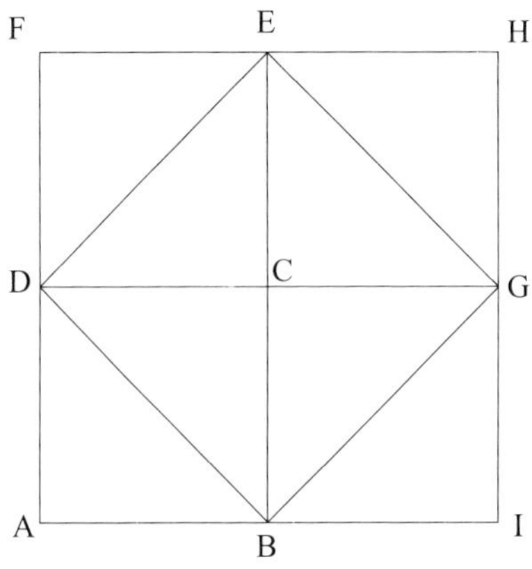

小斯:是啊。

苏格拉底:在那个正方形里头一共有几个相等的面积?

小斯:四个。

苏格拉底:在原来的正方形[①]里有几个?

小斯:两个。

苏格拉底:四与二的比是什么?

小斯:是二倍。

苏格拉底:这样看来,那个正方形的面积是几方尺? B

小斯:八方尺。

苏格拉底:由什么线构成的?

小斯:由这条线构成的。

苏格拉底:由这条从四方尺正方形的一个角画到另一个角的线构成的吗?

小斯:是的。

苏格拉底:这条线智者们称之为对角线。如果采用这个名称的话,枚农的小斯啊,你就由这条原来正方形的对角线画出了一个二倍大的正方形。

小斯:那当然咯,苏格拉底。

苏格拉底:你以为如何,枚农?他是不是提出了一个原来不属于他的答案?

枚农:不是,这是他自己的想法。 C

① □ABCD。

苏格拉底:可是我们前不久就说过他原来不知道。

枚农:你说得对。

苏格拉底:那他心里原来就有那些见解,还是没有?

枚农:有。

苏格拉底:是不知者心里对他所不知道的东西有一些真实的见解吗?

枚农:看来是这样。

苏格拉底:不过他现在还是像梦里一样浮现那些见解。如果
D 有人频繁地以多种方式向他问起这样的事情,你知道他最后就会确切地认识到这些东西,如同现在这样明白。

枚农:很像这个样子。

苏格拉底:所以不用教他,只消向他提出问题,他就会知道,就会从心里浮出知识来。

枚农:是的。

苏格拉底:从自己心里浮出知识来,不就是回忆吗?

枚农:当然是。

苏格拉底:他现在有的那种知识,岂不是或者从前获得,或者一直具有的吗?

枚农:是的。

苏格拉底:如果他一直具有这种知识,那他就一直是知道的。如果他是有一个时候获得这种知识的,那他至少在今生并没有获
E 得它。有人教过他几何学吗?因为他的确会做几何学方面的事情,以及其他各门学问上的事情。有人教过他这一切吗?这一点

你该知道得很详细，因他是在你自己家里出生和养大的。

枚农：我知道得非常清楚，从来没有人教过他。

苏格拉底：可是他有这些见解；有没有呢？

枚农：当然有，苏格拉底，这是大家都看到的。

苏格拉底：如果他在今生并没有获得这些见解，那岂不很明 86A
显，他是在另外一个时候取得和学到它们的吗？

枚农：这很明显。

苏格拉底：是不是在他还没有成为人的时候呢？

枚农：就是。

苏格拉底：如果在他成为人和不成为人的整个期间，那些真实的见解应该都在他心中，由于提问把它们唤醒了，它们就变成了知识，那么，是不是他的灵魂一向都处在有知的状态之中呢？因为很明显，那整个期间是既包括他成为人的时候也包括他不是人的时候的。

枚农：看来是这样。

苏格拉底：如果事物的真相一向寓于灵魂之中，灵魂就是不会 B
死的了。因为这个缘故，你就要充满信心地去追索你现在不知道的东西，也就是你没想起来的东西，把你自己唤醒。

枚农：我看你说的挺有道理，苏格拉底，尽管我不知道自己怎么会有这样的看法。

苏格拉底：我也有这样的看法，枚农。对于别的事情，我当然不能这样坚决地说这种话，可是我们相信自己应该去寻求所不知
道的东西，这样才变得更好，变得更勇敢、更勤恳；人不能自以为不 C
可能找到不知道的东西，所以不该去寻求，那样就安于懈怠了。我

要尽可能地为求知而奋斗，这样说也这样做。

枚农：我觉得你说得再好不过了，苏格拉底。

苏格拉底：既然我们一致同意，认为应该去寻求自己不知道的

D 东西，你是不是愿意一道研究品德是什么呢？

枚农：非常愿意。不过我最乐意钻研、最爱听到的是我原先问的那件事，就是我们应当把品德看成一种可以传授的东西，还是人生来就具备的东西，还是以某种方式来到人身上的东西？

苏格拉底：如果我不但可以支配我自己，而且可以支配你的话，那我们就不能先考虑品德是不是可以传授的，一定要先研究过品德是什么东西。可是你并不热衷于支配你自己，只想自由自在，却热衷于支配我，而且实际上在支配我，那我就只有跟着你走了，有什么办法呢？

E 看来我们要研究一件不知道是什么的东西是什么样的。因此，如果你的指令不那么刻板，可以有一点儿灵活性的话，请容许我从一个假设出发来考察品德究竟是可以传授的还是以别的方式取得的这个问题。所谓从一个假设出发，是指几何学家常常用来进行考察的那种办法。例如有人向他提出图形方面的问题，问他

87A 能不能往圆形里装进这个三角形[①]，他就可以说：我还不知道这个三角形是不是那样的三角形，但是我可以作出一个假设，相信这假设可以有利于回答你的问题。这就是：假定这个三角形是那样的三角形，如果以它的某条底边为中轴画一个圆，它还有那么大一块面积越出这个圆之外，我想，那就会得出这样一个结论，如果不可

① 意即：△ABC 的 A、B、C 三个顶点能不能落在一个圆形的圆周上。

能有一块面积越出这个圆，那就会得出另外一样的结论。[①] 从这个假设出发，我可以告诉你，是不是能把这个三角形装进圆。 B

在品德这方面，既然我们不知道它是什么，也不知道它有什么属性，那就可以作一个假设，从这个假设来考虑它是不是可以传授的。这就是：假定它是某种出现在灵魂里的东西，那它是不是可以传授呢？首先，假定它是某种异于知识的东西，那它是可以传授的，或者像上面说的那样，可以回忆的吗？传授和回忆只是用词不同，实际上一样。这样一来，是品德可以传授呢，还是人人都很明 C
白，唯有知识才是能够传授给人的东西？

枚农：依我看是品德可以传授。

苏格拉底：如果品德是某种知识，那它显然是可以传授的。

枚农：怎么能不是呢？

苏格拉底：那我们就解决问题了：如果品德是那样的东西，那它就是可以传授的；如果它不是，那就不可传授。

枚农：是啊。

苏格拉底：看来以后我们要研究另外一个问题：品德是知识

①

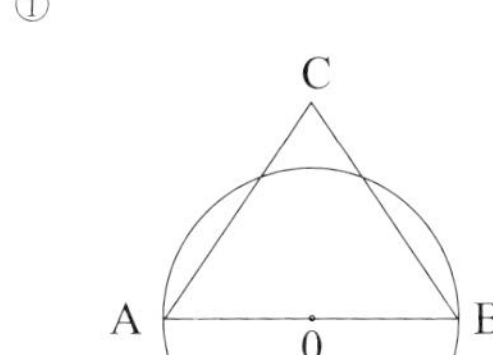

图一

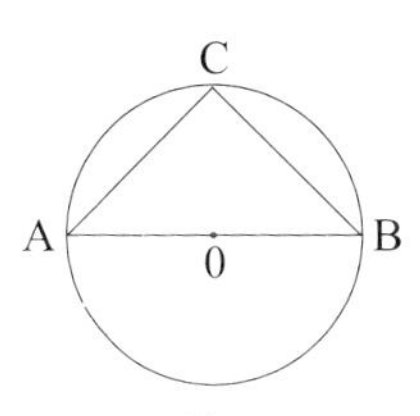

图二

如图一，C在圆外，故△ABC不可能纳入圆内；如图二，C不在圆之外，故△ABC可纳入圆内。

呢，还是一种与知识不同的东西？

D **枚农**：这是我们必须研究的。

苏格拉底：怎么！我们不是说品德是好东西吗？我们不是还守着品德是好东西这条假设吗？

枚农：是这样。

苏格拉底：那么，如果有一种好的东西，是与知识完全分离开来的，也许品德就不能是知识。如果没有一种好东西不是知识所包括的，那我们就有理由猜测品德是一种知识。

枚农：看来是这样。

苏格拉底：我们确实是由于有品德才成为好人吗？

枚农：是的。

苏格拉底：如果我们是好人，那就是有益的人。因为所有的好

E 人都是有益的人，不是吗？

枚农：是啊。

苏格拉底：那么说，品德就是有益的东西了？

枚农：这是从我们的共同看法得出的必然结论。

苏格拉底：那我们就一样一样仔细看看哪些东西是对我们有益的。我们说健康、强壮、美观、富有等等是有益的，不是吗？

枚农：是的。

88A **苏格拉底**：可是这样一些东西我们说有时候也是有害的。你有不同的看法吗？

枚农：没有，我也这样看。

苏格拉底：那就考虑一下那个决定这些东西有益和有害的要素是什么。不是正当使用时就有益，不正当使用时就有害吗？

枚农：就是。

苏格拉底:再看看那与灵魂有联系的东西。这不是你所谓审慎、公道、勇敢、了悟、强记、高尚之类吗?

枚农:是啊。 B

苏格拉底:再看看那种你认为不是知识的、异于知识的东西,不是有时候有害、有时候有益吗?例如勇敢,如果并不明智[①]只是一味大胆,就属于这一类;一个人不讲理[②]而大胆就有害,讲理而大胆就有益,不是吗?

枚农:是的。

苏格拉底:审慎和了悟不也是这样吗?有理有节就有益,无理就有害,对不对? C

枚农:很对。

苏格拉底:总起来说,凡是归属于灵魂项下的东西,在明智引导下就导致幸福,在愚昧引导下就适得其反。是不是?

枚农:看来是这样。

苏格拉底:品德如果是灵魂方面的东西,而且必然有益,那它一定是明智的,因为其他属于灵魂方面的一切东西本身无所谓有益和有害,只是由于掺进了明智或愚昧才成为有益的或有害的。 D
由此可见,品德如果有益就一定是明智的。

枚农:我看是这样。

苏格拉底:至于其余的东西,如富有之类,我们在前面说过有时好有时有害,是不是也同样取决于明智与否?既然明智支配了

① 明智,φρόνησις。

② 讲理,νοῦ。

灵魂的其余部分就使灵魂中的东西有益，而愚昧则使之有害，是不
E 是灵魂正当地使用和支配了财富之类就使它们有益，不这样做就使它们有害呢？

枚农：那当然。

苏格拉底：英明的作主就正当，愚蠢的作主就糟糕吗？

枚农：就是这样。

苏格拉底：能不能一般地说，人的其他一切东西是不是对他
89A 好，要取决于灵魂，与灵魂有关的好不好则取决于明智。根据这句话，就可以一般地说明智是有益的。我们不是说品德是有益的吗？

枚农：是啊。

苏格拉底：那我们就说明智是品德，是全部品德，或者是它的一部分。

枚农：我觉得你说得很好，苏格拉底。

苏格拉底：如此说来，好人就不是天生的好了。

枚农：我看不是。

B **苏格拉底：**正好相反。如果好人是天生的好，我们中间就有些人懂得从年轻人中间鉴别出天生的好人，一经认定，我们就把他们挑出来单另关进城堡，打上真金的标志，以防有人使他们变坏，他们一到成年就立刻成为对国家有益的栋梁了。

枚农：那很自然，苏格拉底。

C **苏格拉底：**如果好人并不是天生就好的，那是不是由于教育造成的呢？

枚农：我想必然是这样，苏格拉底。根据我们的假设也可以明

显地看出，如果品德是知识，那就一定是可以传授的。

苏格拉底：也许是这样，天哪！可是我很担心这话有不对的地方。

枚农：可是我们刚才认为这样说很对呀。

苏格拉底：我们刚才认为对是不够的，一定要现在和今后都认为对，才有把握。

枚农：怎么？你为什么不再认为这话对，为什么怀疑品德之为 D
知识呢？

苏格拉底：我就告诉你，枚农。我们刚才说，如果品德是知识，那就是可以传授的。我现在并不是收回这句话，认为说的不对，而是考虑到品德很可能不是知识，要看看你是不是觉得我有权利怀疑这一点。请告诉我：如果有那么一样东西是可以传授的，不管它是不是品德，不是一定要有教师和学生吗？

枚农：我想是这样。 E

苏格拉底：如果一样东西既没有教它的人，也没有学它的人，我们不是完全有理由猜想它不是可以传授的吗？

枚农：很对。你是不是认为没有品德的教师呢？

苏格拉底：我曾经翻来覆去地求问是不是有品德的教师，可是寻来寻去还是没能找到这种人；我的寻求是与很多人一道进行的，特别是与一些我认为最适于做这项工作的人合作。枚农啊，现在
那位安虞铎①就在我们这里坐着，就请他参加我们的研究吧；我们 90A

① Ἄνυτος，后来控告苏格拉底的三个人之一，民主派。

是有理由请他参加的。因为首先这位安虞铎有一位富有而且智慧的父亲安特米雍[①]，其所以富有并非出于偶然，也不是由于获得赠予，像特拜的伊斯梅尼亚[②]那样新近继承了波吕格拉底[③]的遗产，
B 而是用自己的智慧和勤奋挣来的。而且，他之所以有名，并不是由于他是一个傲慢的公民，自夸其得，敌视别人，而在于他是一个谦和端庄的人。此外，他还很好地教育和培养了自己的儿子，这是雅典多数人所公认的，他们选他担任最高的官职。同这样的人一道研究有没有品德的教师，以及谁是品德的教师，是很合适的。

安虞铎啊，你跟我们两个人，跟我以及你的客人枚农研究品德的教师这个问题吧。你可以这样考虑：为了使这位枚农成为好医
C 生，我们会把他往哪种教师那里送呢？不是往医生那里送吗？

安虞铎：那当然。

苏格拉底：为了使他成为好鞋匠，我们不是要把他往鞋匠那里送吗？

安虞铎：是的。

苏格拉底：是不是别的事情也如此？

安虞铎：也是这样。

苏格拉底：请你也这样回答我的问题。我们说，为了使他成为

---

① 'Ανθεμίωνος.

② 'Ισμηνιας ὁ Θμβαῦος，当时的民主派。

③ Πολυκρατης，萨摩（Σάμος）的僭主。

好医生，把他往医生那里送是对的。我们这样说的时候，是以为把他送到从事此业的人那里比较恰当，不能送交那些并不从事此业 D
而打着这块招牌收取费用、宣称能教一切愿意来学者的人吗？我们这样送他不是做得很好吗？

安虞铎：是的。

苏格拉底：吹笛子之类的事不也是这样吗？如果要使一个人成为笛子吹奏者，愚蠢的办法无过于把他不送给那种以教授吹笛 E
为业而索取费用的人去教，却央告另外一种人，要他向那些人学习，而那些人并没有以教授此道为业，也没有任何学习我送他来学的那种技艺的学生。你想那样做不是蠢极了吗？

安虞铎：宙斯在上，我觉得这太蠢了。

苏格拉底：你说得对。现在你能和我商讨你的客人枚农的题目了。安虞铎啊，他早就对我说他很想得到那种智慧和品德，就是 91A
人们赖以善于处理家务和国务、孝顺父母、善待本国人和异邦人、做一个好人的那一种。你看我们最好把他送到什么人那里去学这种品德。根据我们刚才说的，不是应当求教于那些自命为品德教 B
师，公开招收一切愿意来学的希腊人，并且为此索取报酬的人吗？

安虞铎：你以为这是什么人呢，苏格拉底？

苏格拉底：你明明知道，这就是人们称之为智者的那些人。 C

安虞铎：赫拉格勒[①]在上，你说干净点，苏格拉底。我的亲属、家人和朋友，包括本国的和异邦的，没有一个会发了疯，跑到那种人那里去把自己糟蹋掉。因为这种人是真正的祸害和瘟神，谁跟

① Ἡρακλης，大力英雄。

他们往来谁就遭殃。

苏格拉底：你怎么这样说，安虞铎？难道在那些从事对人有益的职业的人中间唯有智者与众不同，不但不使那些信服他们的人
D 得到好处，反倒使他们蒙受祸害，还向他们公然勒索钱财？我不能相信你的话。因为我知道就只有一个柏若答戈拉[①]以智慧挣来的钱比完成传世杰作的佩狄亚[②]和其他十位雕刻家还多。你说的太
E 不像话了。一个修补旧鞋旧衣的人要是把人家送来修补的鞋子衣服弄得比原来更坏，那他不到一个月就被人揭穿，饿死无人问。这位柏若答戈拉要是把送上门的学生教坏，弄得还不如原来好，而且一直干了四十年，怎么全希腊没有一个人发觉此事呢？因为据我所知，他一共活了七十年，死在干这一行四十年之后。在这四十年
92A 间，一直到现在为止，人们是不断地称赞他的。而且除了柏若答戈拉之外，还有许多别的智者也是这样，他们有的比他老，有的现在还在世。我们是不是应该说，依你看来，这些人是把青年人欺骗了、毒害了，自己还不知道？我们难道应该认为，这些被看成世上最聪明的人竟如此愚蠢？

安虞铎：并不是这些人愚蠢，苏格拉底。那些交钱给他们的年
B 轻人比他们愚蠢，把年轻人往他们那里送的父母更加愚蠢，最愚蠢的是那些城邦，那里容许这些人入境，并不驱逐任何一个从事这种职业的分子，不管是异邦人还是本地人。

苏格拉底：是这些智者中间有人冒犯了你吗，安虞铎，还是有

---

① Πρωταγόρας，最著名的智者。

② Φειδίας，最著名的雕刻家和建筑师。

什么别的原因使你对他们如此反感?

安虞铎:宙斯在上,绝非如此,我是不肯与他们中间任何人往来的,也不让我的人这样做。

苏格拉底:那你就根本不认识这种人喽?

安虞铎:也决不想认识。 C

苏格拉底:真是怪事!你对一件事毫无所知,怎么能知道它是好的还是坏的呢?

安虞铎:那很容易。我知道他们是什么样的人,认识不认识都一样。

苏格拉底:你这人也许是个算卦的,安虞铎。因为我实在想不
通,根据你自己所说的话,你怎么能知道他们是哪一类人。况且我
们并没有问什么人会使前来求教的枚农变坏。这些人可能像你想 D
说的那样是智者。可是问的并不是这个,是问你的这位世交枚农
在雅典这座大城市里应该拜什么人为师,以便学到我刚才向你提
到的那一种品德。

安虞铎:你怎么不自己给他指出来呢?

苏格拉底:我曾经说了我认为哪些人是传授品德的。可是你
以为我说的不对头。我认为你的话不无道理。所以要你来说说他 E
该去请教哪些雅典人士。你就照你的意思说出人的名字吧。

安虞铎:他有必要听到某个个别的人的名字吗?凡是他遇到的任何一个正派的雅典人,没有一个不会使他变好,变得不像智者所教的那样,只要他愿意跟着学就行。

苏格拉底:那些正派的好人之所以正派,是天生的、不用跟谁 93A

学的吗？他能向另外一个人传授他自己没有学过的东西吗？

安虞铎：我想他们是跟一些同样正派、同样好的前人学的。你不认为在这座城邦里有很多的正派人吗？

苏格拉底：安虞铎啊，我以为这里现在还有这样一些熟练于政
治的人，而且肯定还有另外一些人并不亚于他们；可是这些人是传
授这种品德的好教师吗？因为这才是我们现在所谈的主题，我们
B 不管这里是不是有正派人，也不管是不是有过这种人，只谈品德能
不能传授，这是我们已经研究了好久的。在这种研究里面，我们也
提出这个问题，就是：那些现在和过去的正派人是不是知道把自己
所显示的这种品德传授给别人，也就是说，品德这种东西能不能由
C 一个人传授给另一个人。这就是我和枚农问了那么久的那个问
题。你按照自己的说法考虑一下这个问题吧。你同意说特米斯多
格勒[①]是一个好人吗？

安虞铎：当然，他是最大的好人。

苏格拉底：这样看来，如果有那么一个人把自己的品德传授给别人的话，他就是一个出色的品德教师吗？

安虞铎：我想他就是，如果他愿意的话。

苏格拉底：你是不是以为他不愿意别人也成为正派的好人，特
别是他自己的儿子？你是不是以为他心怀妒意，不乐意儿子承受
D 他自己擅长的那种品德？你难道没有听说过特米斯多格勒教他儿
子格娄潘多[②]成为好骑手，使他能够在马背上直立，从马上站起来

---

① Θεμιστοκλῆς，雅典政治家（公元前 525—前 460 年），民主派。

② Κλεόφαντος.

投掷标枪，并且做出许多惊人的动作？这些本事都是由他传授的，是一定要有一位好教师才行的！这样的事你难道没有听见前人说过吗？

安虞铎：我听说过。

苏格拉底：谁能说他的儿子没有这种受教的禀性呢？

安虞铎：大概不能这样说。 E

苏格拉底：怎么？你从来没有听见任何年轻的或者年老的人说过：特米斯多格勒的儿子格娄潘多跟他父亲一样好、一样聪明？

安虞铎：没有。

苏格拉底：如果品德是可以传授的，那我们是不是就该认为，他愿意他儿子在这些事情上受教，却不肯让他在自己拥有的那种智慧上比任何一个邻人高出一点点？

安虞铎：决不能这样看。

苏格拉底：那位特米斯多格勒就是这样的品德教师，你承认他 94A
属于上一代最好的人。我们现在再举一个例子，就是阿里斯得德[①]，吕锡马柯[②]的儿子，你不是也同意他是一个好人吗？

安虞铎：我完全同意。

苏格拉底：他让他儿子吕锡马柯[③]去受雅典人所能受到的最佳教育，凡是靠师傅教的统统让他学。可是你想想，他把儿子培养成胜过一般人的好人没有？你跟他过从很密，看得出他是什么样 B

---

① ʼΑριτείδης，当时的雅典政治家。

② Λυσίμαχος.

③ 孙子与祖父同名，这是希腊人的通常习惯。

的人。你还可以看看贝里格勒这位有杰出智慧的人物,你知道他生了两个儿子,巴拉洛[①]和克桑替波[②]。

安虞铎:我知道。

苏格拉底:你也同样知道他让这两个儿子学骑术,要他们学得不亚于任何一个雅典人。他还让他们学音乐、体育以及各种技术,学得胜过其他人。可是他有没有想到把他们培养成好人呢?他当然愿意他们成为好人,可是这件事大概是不能传授的。你可不要以为在雅典人中间只有少数人没有承受的能力,只有那些最不足
C 道的家伙才会这样蠢。你可以想想土居第德[③]也生了两个儿子,梅雷夏[④]和斯得潘诺[⑤],他让他们受了很好的教育,除了别的本领之外,还特别要他们成为雅典最优秀的角斗士。因为他把他的一个儿子送到了克桑替亚[⑥]的门下学习,把另一个儿子送到欧陀若[⑦]门下,这两位是当时公认为最杰出的角斗士。你不记得吗?

安虞铎:是啊,我听说过。

苏格拉底:很明显,他送孩子去学那些要收大笔学费的事情,
D 怎么不肯不费一个钱自己教他们成为好人呢,如果品德可以传授的话?也许你会对我说土居第德是个不起眼的人物,在雅典人和盟邦人中间没有几个朋友吧?正好相反,他系出名门,在本邦和整

① Πάραλος.

② Ξάνθιππος.

③ Θουκυδίδης,一个与著名历史家同名的人物。

④ Μελησίας.

⑤ Στέφανος.

⑥ Ξανθίας.

⑦ Εὐδώρος.

个希腊很有声望。如果品德可以传授，只是他自己忙于公务，没时 E
间教孩子学做好人，他很容易在本邦人或者异邦人中间找到人教他们的。可是，亲爱的安虞铎啊，看来品德是不能传授的。

安虞铎：苏格拉底啊，我觉得你这个人很容易说别人坏。我劝你慎重一点，希望你听我这句话。因为在任何地方都是把别人当
坏人容易，拿别人当好人不那么容易，在这座城邦里尤其如此。我 95A
想你是知道的。

苏格拉底：枚农啊，我觉得安虞铎生气了。这并不奇怪。因为首先他认为我诋毁了这些人物，而且他自以为是这些人物之一。他一旦看清了所谓诋毁是什么意思，他的怒气就消解了，不过他现在还不明白。请你告诉我，你们那里就没有正派的好人吗？

枚农：当然有。

苏格拉底：怎么？这些人献身于教育青年的事业，承认自己是 B
教师，并且认为品德是可以传授的吗？

枚农：当然不是这样，苏格拉底，你只会有时候听他们说品德可以传授，有时候他们又说不能传授。

苏格拉底：那些在这一方面还没有一致意见的人，我们能把他们看成这一行的教师吗？

枚农：我看不能，苏格拉底。

苏格拉底：怎么？那些智者们是唯一自命为干这一行的人，你 C
认为他们是品德的教师吗？

枚农：在这方面，苏格拉底啊，我最佩服戈尔极亚，你从来没听见他作过这种许诺，他倒是听到别人这样许诺时就嗤之以鼻，他只

是认为自己可以使别人加强说话的能力。

苏格拉底:那你就不认为智者们是教师吗?

枚农:在这方面我不能说什么话,苏格拉底。因为我的情况和多数人一样:有时候认为是,有时候又认为不是。

D **苏格拉底**:你知道,不但你和另一些政治家们有时觉得品德可以传授,有时又觉得不行,连诗人泰阿格尼[①]也说过这样的话,你知道吗?

枚农:在哪篇诗里说的?

苏格拉底:在《哀歌》里,他说:

你要同那些强有力的人过从交往
跟他们一同吃喝,搞好关系。
因为好事从好人学来,坏人却会
使你失掉你心中原有的良知。[②]

你看出他在这里谈到品德,认为这是可以传授的吗?

枚农:很明显。

苏格拉底:可是他在另一处又说:

如果可以塑造人的心思的话,
塑造者就会得到大笔酬金。

---

① Θέογνις,公元前六世纪人。
② 见该诗,Ⅰ,33—36。

还说：

好人的儿子不会变坏
只要他听从家训，但是你用教育不能使坏人变好。 96A

你看他对同一件事的说法不是前后矛盾吗？

枚农：这很明显。

苏格拉底：除了品德以外，你还能举出别的事情来吗？品德这件事，有的人自命为传授它的教师，大家却以为他并不是传授它的人，倒是正好相反，自己本来对此一窍不通，够不上这件他自夸能 B 教别人的事情；而那些大家公认为正派的好人却一会儿说这件事可以传授，一会儿又予以否认。这些在这方面思想如此混乱的人，你能承认他们是这件事的教师吗？

枚农：当然不能。

苏格拉底：既然智者们和那些为人正派的好人都不是品德的教师，那就显然没有别的人是这种教师。是吗？

枚农：我想没有。

苏格拉底：如果没有教师，那就没有学生是吗？ C

枚农：我像你说的那样，认为没有。

苏格拉底：那我们就一致认为：一件事既无教师又无学生，也就是不可以传授的。是吗？

枚农：我们看法一致。

苏格拉底：在品德这一方面，就没有什么教师吗？

枚农：就是这样。

苏格拉底:如果没有教师,那就没有学生吗?

枚农:看来是这样。

苏格拉底:那就是说,品德是不可以传授的。是吗?

D **枚农**:似乎不是这样,如果我们一本正经地仔细考虑的话。苏格拉底啊,要是那样,我就觉得很奇怪了,因为我不相信根本就没有好人,可是如果有好人,这好人是以什么方式成为好人的呢?

苏格拉底:枚农啊,我们很不幸,我和你两个都不是走运的人,戈尔极亚没有把你教透,柏若狄果也没有教透我。所以我们必须
E 自己照顾自己,看看谁能用某种办法使我们变得好一些。我这样说,是有鉴于我们以上的讨论进行得很可笑,没有看出知识[①]并不是使人正确行事的唯一办法,不愿意承认单凭知识还不能使人成为好人,此外还有某种办法,也许我们还不知道它,可以使人变成好人。

枚农:你这样说是什么意思,苏格拉底?

97A **苏格拉底**:我是说:好人必定有益,这一点我们一定要承认,不能有别的说法。是不是?

枚农:是的。

苏格拉底:他们之所以有益,是由于他们能够正确地指导我们行事。这一点我们不是应当承认吗?

枚农:是的。

---

① ἐπιστήμη,指确切的科学知识,不同于泛泛的意见。

苏格拉底：可是我们很难同意一个人没有见解[①]却能正确地[②]领导。

枚农：你说的[正确]是什么意思呢？

苏格拉底：我来告诉你。如果有一个人知道到拉里萨或某个你要去的地方的路，就动身往那里走，并且引导别人走，这人不是会正确地引导吗？

枚农：那当然。

苏格拉底：如果还有一个人对这条路有正确的估计[③]，却从来 B
没有亲自走过，并不真正地知悉它，这人不是也会正确地引导吗？

枚农：当然。

苏格拉底：对于一件事情，别人有确切的知识，只要这个人有正确的意见[④]，他这个对真理只有估计并无知识的人之为引导者，并不亚于有知识的人。

枚农：不亚于。

苏格拉底：所以说，正确的意见在指导正当行动方面并不亚于 C
意识。这正是我们研讨品德的时候所忽视的；我们说只有意识才
能引导正当的行动，可是正确的意见也能做到这一点。

枚农：看来是这样。

苏格拉底：那么，正确意见的有益并不亚于知识。

枚农：不过有一点区别，苏格拉底。凡是有知识的人永远可以

---

① φρόνιμος.

② ̓ορθῶς.

③ δοξάζω，指并不确知，却有某种意见。

④ ὀρθὴδόξα.

达到目的，有正确意见的人却有时候能达到目的，有时候不能。

苏格拉底：你这话是什么意思？那具有正确意见的人在正确地估量的期间难道不是永远达到目的吗？

D **枚农：**我觉得必定是这样，苏格拉底。因为我想不通，觉得不这样就没有理由把知识看得比正确意见高那么多，就说不出这一样为什么与那一样不同，是两回事。

苏格拉底：你知道你为什么想不通吗？要我给你说说吗？

枚农：请告诉我吧。

苏格拉底：因为你没有仔细考虑过代达洛[①]刻的雕像。也许你们那里根本没有这种雕像。

枚农：为什么你说到这个呢？

苏格拉底：因为这些雕像如果不捆住就跑了，飞了，如果捆住就留下了。

E **枚农：**这话是什么意思呢？

苏格拉底：一件丢掉了的作品是没有多大价值的，正如一个东游西荡的人一样，因为它不在那里了；然而一件捆起来作品却有很大价值，因为它是美好的创作。我这样说是指什么呢？是指那些
98A 真的意见。因为那些真的意见是美好的东西，只要它们留在那里就给我们带来好事情；但是它们不能常住不迁，是要离开人的灵魂的，这样就没有多大价值了，除非把它们拴住捆牢，用推理的方法追索出它们的原因[②]。我的朋友枚农啊，这就是我们在前面一致

---

① Δαιδάλος，雕刻能手，作品生动，像活的一样。

② αἰτίας λογισμῷ，直译“以原因的推理法”不易理解，故意译如上。这里有两点须注意：(1)推理，不是顿悟。(2)原因，即由多推出的一(相)，不是由因推果的演绎法。

同意的那种“回忆”。把它们捆牢之后，它们就开始成为知识，就留下来了。就是由于这个缘故，知识的价值要高于正确的意见，知识之有别于正确的意见就在于这根绳索。

枚农：苏格拉底啊，你说的确实很接近真理。

苏格拉底：我这样说并不是我知道，而是我猜想如此。可是说 B
正确的意见是与知识有区别的东西，我认为这并非只是猜想。我知道的东西并不多，可是我敢说知道一些事情，而这件事正是我知道的事情之一。

枚农：你说的对，苏格拉底。

苏格拉底：怎么？我说真的意见能指导行事，不亚于知识，就不对吗？

枚农：我认为你这话也很正确。

苏格拉底：正确的意见指导行事并不亚于知识，它的有益并不 C
比知识差，拥有正确意见的人也并不比拥有知识的人不行。

枚农：就是这样。

苏格拉底：我们曾经一致认为，好人是对我们有益的。

枚农：是的。

苏格拉底：既然好人之所以好，之所以有益于城邦，并非只是由于知识，也是由于正确的意见，而知识和正确意见的出现都不是出于天性，你是不是认为这二者是天性使然呢？

枚农：我不这样看。 D

苏格拉底：既然不是天性使然，好人就不是天生的了。

枚农：不是。

苏格拉底:如果不是天生的,我们就接着研究起是不是可以传授的了。

枚农:是的。

苏格拉底:我们是不是认为,品德如果是心思[1],那就是可以传授的了?

枚农:是的。

E **苏格拉底**:品德如果有教师,那就是可以传授的;如果没有,那就是不可传授的吗?

枚农:正是。

苏格拉底:可是我们一致认为品德是没有教师的呀!

枚农:是这样。

苏格拉底:那我们是不是一致认为品德既不可传授,也不是智慧?

枚农:是这样。

苏格拉底:我们一致认为品德是好的吗?

枚农:是的。

苏格拉底:我们认为正确引导是有益的,是好的吗?

枚农:是这样。

99A **苏格拉底**:能够正确引导的只有两件事:真的意见和知识,具有这二者的人就引导得正确。因为偶然发生的事就不是由于人引导的;人能引导得正确就是靠这二者:真的意见和知识。

枚农:我觉得是这样。

---

① φρόνησις.

苏格拉底：品德如果不可传授，那就不再是知识了。

枚农：看来不是。

苏格拉底：那么，在这两件好而有益的事情中间就有一件被排除了，知识就不是政治上的领导了。 B

枚农：我想不是。

苏格拉底：所以安虞铎刚才提到的特米斯多格勒等人并不是以某种智慧，也不是作为智慧的人士来领导城邦的。因为他们并不能使别人成为他们自己那样，他们自己就不是由于知识而成为那样的。

枚农：苏格拉底啊，看来事情就像你说的那样。

苏格拉底：既然除开了知识，剩下来的就是中肯的意见，政治家们就是凭着这种意见来正确处理国务的。这些人在见解方面并不比占卜者和预言者们高明。因为他们说出了很多真实的事情，却不知道自己说的是什么。 C

枚农：大概是这样。

苏格拉底：这些人不费心思就完成了那么多他们所做的、所说的事情，不是可以把他们称为神人吗？

枚农：那当然。

苏格拉底：那我们就同样有理由把我们刚才提到的那些占卜者、预言者以及一切诗人都称为神圣的，我们也完全可以把政治家们归入这一类，因为他们有神性，为神所鼓动，充满仙气，能够通过言论顺利地完成许多大事情，却并不知道自己说的是什么。 D

枚农：那当然。

苏格拉底:连妇女们也把优秀的男人称为神一样的,枚农啊,拉格代孟人想称赞一个优秀男人的时候就把他称为神圣的人。

E **枚农:**苏格拉底啊,看来他们有理由这样称呼,虽然安虞铎也许会很不满意你这番话。

苏格拉底:这对我没有什么,枚农啊,我们愿意以后再谈一次。如果我们现在在整个讨论中进行得很正确,把该说的都说了,那就
100A 意味着品德既非出于天性,也不是可以传授的,却是由于神授而具
有的,人们受赐而不自知。如果不是这样,政治家当中就必定有那样一个人能够使别人成为政治家。可是如果真有那样一个人,那就可以把他描写成活人中间的一个特殊人物,有如荷马所说的得瑞夏[1]在死人中间一样:只有他能预言,因为别人都是飘来飘去的黑影。[2] 在品德方面,这人与别人的关系正如实物之于影子。

B **枚农:**苏格拉底啊,你说的我看再好不过了。

苏格拉底:枚农啊,根据这番研究,品德似乎是它的具有者由于神授而得到的。但是我们对此还不能作出定论,在问人们是以什么方式取得品德之前,要先就其本身研究明白品德是什么。

现在是我要走的时候了。你要做的是设法说服你的宿主安虞
C 铎,使他也明白你自己所信服的事,消解心里的疙瘩。你说服了
他,也就对雅典人做了有益的事了。

① Τειρεσίας,阴间的预言者。

② 见《奥德赛》,Ⅹ,495。

图书在版编目(CIP)数据

卡尔弥德篇 枚农篇/(古希腊)柏拉图著;王太庆译.—北京:商务印书馆,2017
(汉译世界学术名著丛书:120 年纪念版:珍藏本)
ISBN 978-7-100-14814-6

Ⅰ.①卡… Ⅱ.①柏… ②王… Ⅲ.①古希腊罗马哲学 Ⅳ.①B502

中国版本图书馆 CIP 数据核字(2017)第 160008 号

汉译世界学术名著丛书
(120 年纪念版·珍藏本)
卡尔弥德篇 枚农篇
〔古希腊〕柏拉图 著
王太庆 译

商 务 印 书 馆 出 版
(北京王府井大街36号 邮政编码100710)
商 务 印 书 馆 发 行
北 京 冠 中 印 刷 厂 印 刷
ISBN 978-7-100-14814-6

2017 年 12 月第 1 版　　开本 710×1000 1/16
2017 年 12 月北京第 1 次印刷　　印张 6¼
定价:32.00 元